संपादन कला में महारत हासिल करना बहुत ही मुश्किल है। वैसे भी अब जमाना कंप्यूटरों का है। ऐसे में कंप्यूटर पर ही आपको सब काम करना होता है। वैसे संपादन एक ऐसा क्षेत्र है, जिसमें यदि विशेषज्ञता हासिल कर ली जाए, तो आपका कैरियर संवर सकता है। यह पुस्तक पत्रकारिता के क्षेत्र में उतरने वालों के लिए मददगार साबित होगी...

संपादन कला

(THE ART OF EDITING)

राजशेखर मिश्र

सहायक संपादक, अमर उजाला

डायमंड बुक्स

प्रकाशक : **डायमंड पॉकेट बुक्स (प्रा.) लि.**
X-30, ओखला इंडस्ट्रियल एरिया, फेज-II
नई दिल्ली-110020
फोन : 011-40712200
ई-मेल : sales@dpb.in
वेबसाइट : www.diamondbook.in

Sampadan Kala (The Art Of Editing)
by : Rajshekhar Mishra

भूमिका

मुझे कुछ कहना है...

पत्रकारिता के क्षेत्र में दिन-ब-दिन बदलाव आते जा रहे हैं, होते जा रहे हैं। तकनीकी सुधारों के कारण तो यह क्षेत्र और भी समृद्ध होता चला जा रहा है। और भी होगा, यह तय है। सबसे बड़ी बात यह है कि पहले यह क्षेत्र मिशन के रूप में जाना जाता था। पहचाना जाता था। अब ऐसा नहीं है। अब तो व्यवसाय बन गया है। शुद्ध व्यवसाय। इसका फायदा यदि अखबार मालिकों को हुआ है, तो बड़े फायदों से पत्रकार भी तो वंचित नहीं रहे हैं। उनके वेतन में भी तो काफी वृद्धि हुई है। हां, इतना जरूर हुआ है, पत्रकारों पर काम का बोझ कुछ ज्यादा ही पड़ा है, विशेषकर डेस्क पर काम करने वालों पर। पहले उप-संपादक कागज पर कलम चलाकर संपादन कर देता था। कंपोजिंग डिपार्टमेंट अलग। प्रूफ रीडर अलग और पेज बनाने वाले अलग होते थे। अब ऐसा नहीं है। अब तो उप- संपादक ही खबर बनाते हैं, कंपोज करते हैं, पढ़ते हैं। फिर पेज भी बनाते हैं। यानी उप-संपादक भी वही, कंपोजीटर भी वही, प्रूफ रीडर भी वही और पेज मेकर भी वही–फोर इन वन। काफी प्रेशर रहता है उप-संपादकों पर।

संपादन की नई विधा यानी कंप्यूटर पर ही संपादन (ऑन लाइन एडिटिंग) होने का लाभ जरूर हुआ है। समय की बहुत बचत हो गई है। डेड लाइन बढ़ी है। इसका लाभ पूरे पत्र-उद्योग को हुआ है।

यही नहीं, विस्तार के साथ-साथ विविधता भी आई है। अब राजनीतिक, आर्थिक, धार्मिक, शैक्षिक एवं महिलाओं की पत्रकारिता के क्षेत्र में भी विशेषज्ञता के युग का सूत्रपात हुआ है। सबकी अपनी-अपनी पत्रिकाएं शुरू हुई हैं। कैरियर की सामग्री की तो बहुत ही ज्यादा डिमांड होने लगी है। साथ ही साथ संपादकीय विभाग में भी तो व्यापक बदलाव आए हैं। पहले अखबारों के पन्नों का मेकअप होता था, जो उप-संपादक स्वयं पेज मेकर (पेस्टर) की मदद

से करवा देता। अब डिजाइनिंग का दौर है। सभी पृष्ठों की डिजाइनिंग के तहत ही जाता है। सजाया जाता है। संवारा जाता है। रही बात संपादकीय विभाग में बदलावों की, तो अब तमाम नये पद सृजित हो गए हैं। काम बंट गया है। विशेषज्ञता के आधार पर ही काम का भी बंटवारा हो रहा है। खेल का विशेषज्ञ या जानकार खेल पृष्ठ का प्रभारी होगा। फिल्म वाला फिल्मों का। बिजनेसवाला बिजनेस पेज डील करेगा और राजनीति में रुचि रखने वाला राजनीति के क्षेत्र का काम करेगा। पहले ऐसा था, पर कुछेक बड़े और अंग्रेजी के अखबारों में ही था, बस। यहां पर डॉ. अशोक चक्रधर की एक उम्दा कविता की पंक्तियां देना चाहूंगा, जो बताती हैं, अखबार कैसा हो?

क्या हो अखबार में!

अखबारों को खबर चाहिए
क्या संयम, क्या मर्यादा
उतना ही अखबार बिके
मरनेवाले जितने ज्यादा?
लूटपाट हत्या की खबरें
चटखारे से पढ़ते क्यों,
क्यों अपने अंदर के
इंसां की हिंसा पर आमादा?

प्रेम प्रकाशित करनेवाली
खबरों को ऊपर लाएं,
सद्यः टूटे हुए दिलों की
दीवारें फिर बनवाएं;
संवेदन की झंकृतियां हों
हृत्वीणा के तारों में
ऐसा कॉलम हो भविष्य का
बच्चे अपने मुस्काएं

अंत में, डायमंड बुक्स के प्रबंध निदेशक श्री नरेन्द्र कुमार जी के इस प्रयास की सराहना करना चाहूंगा, जिन्होंने पत्रकारिता के क्षेत्र में आ रहे उफान को समझा और पत्रकारिता के विभिन्न आयामों एवं विधाओं पर पुस्तकों की एक सीरीज निकालने का निश्चय किया। उनका यह प्रयास प्रशंसनीय है, क्योंकि इससे उन छात्रों का बहुत भला होगा, जो पत्रकारिता को कैरियर बना रहे हैं।

– राजशेखर मिश्र

अनुक्रमणिका

1

संपादकीय विभाग

जैसे-जैसे समय आगे बढ़ रहा है, वैसे-वैसे समाचारपत्रों के कलेवर में भी बदलाव आते जा रहे हैं। आज समाचारपत्र हमें जैसा दिखता है, हो सकता है कि दो-चार साल बाद हमें वैसा न ही दिखे। बीस साल पहले तो यह कल्पना भी नहीं की गई थी कि अखबारों में छपनेवाली तसवीरें रंगीन भी हो सकती हैं। आज एक तसवीर नहीं, तमाम तसवीरें रंगीन ही छपती हैं। पूरे पूरे पेज पर रंगीन फोटो छप सकती हैं। पहले यह कल्पना की ही वस्तु हुआ करती थी। अंग्रेजी का अखबार 'टाइम्स ऑफ इंडिया' दिल्ली से जो छपता है, उसके 40 पेज रंगीन हो सकते हैं। एक साथ। ऐसी मशीन उनके पास है।

समाचारपत्रों में आए तकनीकी बदलाव का बहुत असर दिखा है और हुआ भी है, पर संपादकीय विभाग में कार्यरत संपादकों की फौज में कोई ज्यादा बदलाव नहीं आए हैं। पहले अखबार में संपादक सिर्फ एक ही हुआ करता था। वही उस अखबार में छपने वाली सभी खबरों के लिए जिम्मेदार भी हुआ करता था। हालांकि समाचारों के लिए जिम्मेदारी तो आज भी संपादकों की ही हुआ करती है, पर उनके पदों में थोड़ा-सा फेर-बदल जरूर कर दिया गया है, जैसे अखबारों के संस्करण ज्यादा हैं, लिहाजा अब सभी संस्करणों की देखभाल करने के लिए प्रधान संपादक, समूह संपादक या फिर एडीटर इन चीफ का पद बनाया गया है। सभी संस्करणों के संपादकीय विभाग का मुखिया वही होता है। यह पद इन दिनों काफी तेजी से पनपता जा रहा है। फलता-फूलता जा रहा है।

उसके बाद कार्यकारी संपादक या एक्जीक्यूटिव एडीटर का पद आता है। बहुत ही कम अखबार भारत में ऐसे हैं, जहां पर प्रधान संपादक भी है और कार्यकारी संपादक भी। सामान्यत: बड़े अखबार भी

इनमें से किसी एक बड़े को रखने में ही यकीन रखते हैं। इसके ठीक नीचे एसोसिएट एडीटर, ज्वाइंट एडीटर के पद होते हैं। कार्य के लिहाज से भी यह बहुत बड़ा पद होता है। जिम्मेदारी भी इस पद पर बैठे व्यक्ति की ज्यादा होती है। काफी गरिमामय पद होता है, यह भी।

इसके बाद आता है संपादक का पद। हालांकि आज भी किसी भी अखबार में मुखिया, जिसे हम संपादकीय विभाग का प्रमुख भी कह सकते हैं, संपादक ही होता है, पर पिछले दिनों अमर उजाला ने प्रत्येक संस्करण में एक-एक संपादक की तैनाती कर दी। जो-जो शख्स जिस-जिस संस्करण में संपादकीय प्रमुख के पद पर कार्यरत थे, उन्हें संपादक बना दिया गया। इन सबके ऊपर जो संपादकीय प्रमुख हैं, उन्हें समूह संपादक का पद दिया गया है।

इन बड़े पदों के ठीक बाद डिप्टी एडीटर, सहायक संपादक (असिस्टेंट एडीटर) होते हैं। किसी भी अखबार को सजाने-संवारने, आवरण प्रदान करने, रूप-सज्जा संवारने का दायित्व इन्हीं पर होता है। सामान्यतः 20-22 साल तक सेवा दे चुके लोगों को ही इस बड़े पद पर बिठाया जाता है। बहुत ही जिम्मेदारी वाली पोजीशन होती है ये। इसी तरह फीचर संपादक पद भी होता है। फीचर पन्नों पर छप रही सामग्रियों एवं चित्रों के लिए जिम्मेदारी इन्हीं पर होती है।

समाचार संपादक या न्यूज एडीटर का पद किसी भी समाचारपत्र में काम कर रहे सबसे ज्यादा सक्रिय एवं क्रियाशील कार्यकर्ता को ही दिया जाता है। सच बात तो यह है कि अखबार को सही दशा और दिशा समाचार संपादक ही देता है। बहुत ही जिम्मेदारी वाला यह पद होता है। अखबार का प्रकाशन ही उसके नेतृत्व में ही होता है।

यह समाचार संपादक के निर्णय एवं विवेक पर ही निर्भर करता है कि कौन उप-संपादक कौन-सा पेज बनवाएगा। समाचार संपादक ही अपनी टीम चुनता है, जो उनके साथ रात्रिकालीन सेवा में तन और मन से अखबार को गढ़ती है। सजाती है और संवारती है।

उसके ठीक नीचे जो शिफ्ट इंचार्ज काम करते हैं, उन्हें हम चीफ सब एडीटर या मुख्य उप-संपादक कह सकते हैं। इस पद पर भी किसी वरिष्ठ व्यक्ति को ही बिठाया जाता है। मुख्य उप-संपादक ही अखबार की अलग-अलग पारियों को नेतृत्व प्रदान करते हैं। कोई दिन

की पारी का मुखिया होता है, तो कोई शाम की या फिर रात की पारी का। मुख्य उपसंपादक ही समाचार संपादक और संपादक से सलाह मशविरा करके अखबार के मुख्य पृष्ठ तथा अन्य पृष्ठों को बनाते हैं। सजाते हैं, संवारते हैं।

उनके ठीक नीचे वरिष्ठ उप-संपादक होते हैं और फिर उप-संपादक। सच बात तो यह है कि अखबार के संपादकीय विभाग का मुखिया उप-संपादक ही होता है। वही किसी समाचारपत्र की जान होता है। हालांकि इधर दो-तीन वर्षों में कुछेक समाचारपत्रों में कनिष्ठ उप-संपादक (जूनियर सब एडीटर) या डिप्टी सब एडीटर के पद तो सृजित कर दिए गये हैं, पर जो बात और काम का बोझ उप-संपादक या सब एडीटर उठाता है, उनका कोई और नहीं उठा पाता है। वही किसी अखबार की जान होता है। बस।

उप-संपादक किसी भी समाचारपत्र का अज्ञात योद्धा होता है। जनता संपादक को जानती है, समाचारपत्र के संवाददाताओं को भी भली-भांति जानती है। जो रात को, जब संसार के सारे लोग निद्रालीन होते हैं, पाठकों को पढ़ने के लिए प्रात:कालीन समाचारपत्र को तैयार करने के लिए परिश्रम में जुटा रहता है, उसे कोई नहीं जानता।

मुख्य उप-संपादक समाचारपत्र का विश्वकर्मा या वास्तुकार होता है। समाचारपत्र के कार्यालय में आने वाले सारे समाचार उसकी मेज पर आते हैं। वह शीघ्रतापूर्वक निर्णय करता है कि कौन-सा समाचार समाचारपत्र में प्रकाशित होगा, कौन-सा नहीं। किस समाचार को काटकर आधा करना होगा और किस समाचार को कुछ ही पंक्तियों में समाप्त कर देना होगा। अधिकांश समाचारपत्र कार्यालयों में एक समाचार संपादक होता है जो मुख्य उप-संपादक को, उन घटनाओं की अनुसूची के संबंध में, जिनका समाचार उस दिन प्राप्त होने की आशा हो, निर्देश देता है। संपादक, समाचार संपादक और मुख्य उप-संपादक अपनी बैठक में इन मदों को महत्त्व की दृष्टि से एक स्थूल क्रम देते हैं। यह कहा जा सकता है कि यह अगले दिन के समाचारपत्र की रूप-रेखा होती है। पहले पृष्ठ पर और अन्य पृष्ठों पर जाने वाले समाचारों के लिए, चित्रों के लिए और अन्य सभी बातों के लिए कच्चे ढंग से स्थान नियत कर दिया जाता है। वे मेकअप सीटों पर पेंसिल से नियत कर

दिए जाते हैं, जो 'डमी' कहलाते हैं। विज्ञापन का प्रभारी व्यक्ति यह पहले ही बता देता है कि उसे प्रत्येक पृष्ठ पर कितना स्थान चाहिए।

जब यह सब कर लिया जाता है तो उप-संपादक, जो मुख्य उप-संपादक के सहायक होते हैं, आस्तीनें चढ़ाकर, संपादकीय अर्थों में (समाचारपत्र का मुद्रयोजन (कंपोजिंग) करने और उसका मुद्रण करने के यांत्रिक अर्थों में नहीं) समाचारपत्र को तैयार करने के काम में जुट जाते हैं। सामान्यत: किसी भी समाचारपत्र में पालियां (शिफ्ट) होती हैं– दिन पाली (डे शिफ्ट) और रात पाली (नाइट शिफ्ट)। कुछ समाचारपत्रों में तीसरी पाली भी होती है, जो 'मध्य' या 'लिंक' पाली कहलाती है। जैसा कि उसके नाम से ही प्रतीत होता है, यह दो मुख्य पालियों को जोड़ती है। मुख्य उप-संपादक विभिन्न उप-संपादकों को कार्य सौंप देता है। ऐसा वह तब करता है जब वह कापी परीक्षण (कापी टेस्टिंग) कर लेता है। चाय परीक्षक की भांति ही समाचारपत्र कार्यालय में कॉपी परीक्षक होता है जो इस आधार पर कि समाचार किस प्रकार का है और उसका महत्त्व कितना है, यह निश्चित करता है कि उसे किस श्रेणी में रखा जाए अर्थात् पहली, दूसरी या तीसरी श्रेणी में रखा जाए या प्रकाशित ही न किया जाए। कॉपी का परीक्षण करने के बाद और कार्य का वितरण कर देने के बाद वह उप-संपादकों के कार्य का समन्वय भी करता है। जब वह इन सभी कार्यों को कर लेता है तो चित्रों, फीचरों और सामान्य मदों सहित समाचार-पत्र का पूरा नक्शा उसके मस्तिष्क में होता है। ऐसा भी नहीं होता कि जो कच्चा ढांचा एक बार बना लिया जाता है वह स्थायी होता है। कच्चा ढांचा परिवर्तनशील होता है और जब और जैसी नयी परिस्थितियां उत्पन्न होती हैं, उसमें परिवर्तन किया जाता है। यदि प्रधान उप-संपादक से ठीक मौके पर कोई परिवर्तन करने के लिए कहा जाए तो उसके लिए भी वह तैयार रहता है। तथापि कार्यारंभ के लिए उसके सामने एक कच्चा ढांचा होता है और वह उस अनुसूची का आधार होता है जिस पर वह कार्य करता है।

जैसा कि पहले कहा जा चुका है, मुख्य उप-संपादक एक वास्तुकार होता है, किन्तु समाचारपत्र में चित्रों के उपयोग की रूपरेखा बनाने में वह एक कलाकार भी होता है। उसे चित्रों का चयन करना होता है, उसे ब्लाक का आकार तय करना होता है जिससे वे बनाए जाएंगे और चित्रों

के शीर्षक निश्चित करने होते हैं। समाचारपत्र के कार्यालय में जो ब्लाक हों उनका यदि समझदारी से उपयोग किया जाए तो समाचारपत्र की दर्शनीयता बढ़ जाती है। उप-संपादकों के दल का यह प्रधान, मुख्य समाचार की और अन्य सभी शीर्षकों की सावधानीपूर्वक जांच करता है। जब कभी वह आवश्यक समझता है, समाचार संपादकों या उप समाचार संपादक से (यदि कोई हो) अनुदेश प्राप्त करता है। उप-संपादकों द्वारा संपादित सभी कॉपियां अपरिहार्य रूप से उसके पास जाती हैं किन्तु वह अपने अनुभवी सहयोगियों पर निर्भर रह सकता है। तथापि समाचारपत्र कार्यालयों में समाचार संपादक तथा प्रधान उप-संपादक और वरिष्ठ उप-संपादक सभी का कार्य एक ही व्यक्ति करता है।

जब प्रधान उप-संपादक कार्य का विवरण कर देता है तो उप-संपादक कार्य आरंभ कर देते हैं। उनके पास जितने भी समाचार आते हैं, वे उनमें से प्रत्येक का परीक्षण करते हैं। समाचारपत्र कार्यालय में जितने भी समाचार आते हैं उनमें से अधिकांश पर छापने से पहले बहुत बारीकी से सोच-विचार करना पड़ता है। वास्तव में समाचारपत्र में जो कुछ भी प्रकाशित होता है वह समाचारपत्र कार्यालय में आने वाले समाचारों का एक छोटा-सा अंश होता है। इस दृष्टि से वह हिमशैल जैसा होता है—झील की सतह पर वह जितना दिखाई देता है उससे कहीं अधिक जल में डूबा होता है। जितनी सामग्री प्रकाशित की जाती है उससे कहीं अधिक रद्द कर दी जाती है। उप-संपादक को शीघ्रतापूर्वक और कुशलतापूर्वक यह निश्चित करना पड़ता है कि कौन-सी सामग्री रद्द की जाए, कौन-सी घटा दी जाए और कौन-सी समाविष्ट की जाए और कितनी समाविष्ट की जाए।

इसका निर्णय उसे इस तथ्य को ध्यान में रखते हुए करना पड़ता है कि समाचारपत्र 'अवकाश युग' में पहुंच गए हैं—अर्थात समाचारपत्र में स्थान हमेशा सीमित रहता है। अतः उप-संपादक का कार्य समाचार छांटने, चुनने, परखने, संवारने का भागीरथ-प्रयत्न जैसा ही होता है। सनसनी खेज समाचार एक के बाद एक सिर नीचे पैर ऊपर की हालत में आते हैं। कुछ एक दिन निष्क्रिय भी बीतते हैं। पहले मामले में सामग्री को अपेक्षित आकार के अनुसार काटना-छांटना पड़ता है और फिर भी उसमें प्रत्येक चीज का समावेश करना पड़ता है। दूसरे मामले

में उसे दिलचस्प सामग्री छांटनी पड़ती है और उसे भली-भांति संवारना पड़ता है। जो व्यक्ति इस कार्य के जानकार होते हैं वे इसे सहज ही कर लेते हैं। किन्तु उसके लिए प्रतिभा की आवश्यकता होती है। जिस तरीके से उप-संपादक कॉपियों पर कार्य करता है और उन्हें मुद्रण के लिए तैयार करता है, वह बहुत रोमानी होता है। पुरातत्त्वविदों की सभाओं से लेकर, प्राणि-शास्त्रियों के सम्मेलनों तक की प्रत्येक सामग्री उसके पास आती है और उसे बड़ी सावधानी से कार्यवाही करनी पड़ती है, मानो कि वह मूल्यवान संपत्ति हो।

उप-संपादकों को अच्छी शिक्षा, सामान्य ज्ञान, इतिहास, भूगोल, साहित्य, अर्थशास्त्र और राजनीति के ज्ञान से युक्त होना चाहिए। समकालीन राजनीतिज्ञों और जन-नेताओं की तथा साथ ही सामयिक महत्त्वपूर्ण प्रश्नों की अच्छी जानकारी और अपमान-लेख तथा न्यायालय के अवमानना से संबंधित कानून की कुछ जानकारी आदि ऐसी न्यूनतम योग्यता है जो उप-संपादकों के लिए आवश्यक है। उप-संपादक का मुख्य स्वर और प्रत्यय वचन है परिशुद्धता। एक संपादक के मतानुसार, "उप-संपादक की पहली अर्हता है परिशुद्धता और पुनः परिशुद्धता, समाचार और समाचार के महत्त्व का अच्छा बोध, समाचार के प्रमुख तथ्य ग्रहण करने की योग्यता और सर्वोपरि है प्रांजलता।" उप-संपादक के लिए उत्तम मार्ग है, "जब संदेह हो तो छोड़ दो।" जब कोई आरोप, जो कि सिद्ध न हुआ हो, समाचार में शामिल किया जाए तो 'कथित' शब्द का प्रयोग करते हैं। वस्तुतः कई उप-संपादकों के लिए शब्द "कथित" एक ऐसी चट्टान है जिसकी आड़ में वे अपनी रक्षा करते हैं।

उप-संपादकों के औजार पैनी पेंसिलों और तीक्ष्ण विचार-शक्ति के अलावा गोंद और कैंची भी हैं जो समय-समय पर समाचारों का पोस्टमार्टम करती हैं। उप-संपादक किसी भी बात पर यों ही विश्वास नहीं कर लेता। उसके पास नाम, तथ्य, तारीखें और दूसरी प्रत्येक चीज होनी चाहिए। वह कॉपी देखता है और उसके तथ्य को समझ लेता है। वह इसकी जांच करता है कि क्या संवाददाता ने पर्याप्त लीड दी है और क्या संवाद का मसौदा ठीक ढंग से तैयार किया गया है? समाचार का पूर्ण विकास करना पड़ता है। उसे यह देखना पड़ता है कि क्या समाचार का विकास अच्छी तरह से किया गया है और ब्यौरे महत्त्व के घटते हुए

क्रम में दिए गये हैं? इसके महत्त्वपूर्ण होने का एक कारण और भी है। जब मेकअप मैन यह देखता है कि समाचार में दस पंक्तियां अधिक हैं या एक छोटा पैराग्राफ बहुत लंबा है तो वह कॉलम को पूरा करने के लिए उसे काट देता है। यह देखते हुए कि इस प्रकार का खतरा बराबर बना रहता है, उप-संपादक यह सुनिश्चित कर लेता है कि अंतिम पैराग्राफ या पैराग्राफों में जिसे या जिन्हें निकाल दिए जाने का खतरा है, समाचार के सबसे कम महत्त्वपूर्ण तत्त्व रहते हैं। यदि उसे उन्हें निकाल भी दिया जाए तो समाचार प्रभावित नहीं होगा। यही कारण है कि उप-संपादक समाचार को छोटे-छोटे पैराग्राफों में विभाजित करा देते हैं। न केवल इसलिए कि पढ़ने में सुविधा हो बल्कि यह सुनिश्चित करने के लिए भी ऐसा करना आवश्यक है कि जब मेकअपमैन काट-छांट करना चाहे तो समाचार में से छोटे पैराग्राफ हों जिन्हें सुविधापूर्वक निकाला जा सके। समाचार पैराग्राफ का संक्षिप्त होना आवश्यक है। पत्रकारिता में पैराग्राफ, पाठक का ध्यान बनाए रखने के लिए मुद्रण-कला विषयक एक युक्ति है। यह उचित होगा कि प्रत्येक पैराग्राफ भिन्न रूप से आरंभ किया जाए बशर्ते कि ऐसा बिना खींचा-तानी के किया जा सकता हो। यह भी आवश्यक है कि एक वाक्य दूसरे वाक्य से संबद्ध होकर स्वाभाविक रूप से आगे बढ़े।

उप-संपादक अपना यह कर्तव्य भली-भांति और बुद्धिमानीपूर्वक पूरा कर सके, इसके लिए एक अच्छे संदर्भ पुस्तकालय की आवश्यकता होती है। ऐसा होने पर वह ऐसी कोई भी जानकारी सुनिश्चित रूप से प्राप्त कर सकता है जिसकी आवश्यकता उसे किसी समाचार की अनुपूर्ति या स्पष्टीकरण के लिए हो। परिपूर्ण और बृहद संदर्भ पुस्तकालय की आवश्यकता के संबंध में अधिक कुछ कहने की जरूरत नहीं है। उप-संपादक, रात को जब सारा संसार निद्रा-मग्न होता है, जागता रहता है। उस समय परामर्श के लिए कोई व्यक्ति उपलब्ध नहीं होता, उसे विभिन्न भागों से आने वाले विभिन्न प्रकार के समाचारों से उलझना पड़ता है। किन्तु यह खेद का विषय है कि कुछ अच्छे समाचारपत्र कार्यालयों में भी अच्छे संदर्भ पुस्तकालय नहीं हैं। एक समाचारपत्र कार्यालय में जिसमें मैं काम करता था, केवल एक शब्द-कोश था और उसके भी कई पृष्ठ कटे-फटे थे। दूसरे शहर का एक पत्रकार हमारे कार्यालय में

आया और उसने हमारा संदर्भ पुस्तकालय देखना चाहा। जब मैंने उसे वह फटा-पुराना शब्द-कोश दिखाया तो उसने कहा, "ईश्वर को धन्यवाद है कि आपके पास यह शब्द-कोश तो है, हमारे पास तो यह भी नहीं है।" तब से स्थिति में कुछ सुधार हुआ है। समाचारपत्र कार्यालयों में अब अच्छे पुस्तकालय हैं।

उप-संपादक समाचारपत्र का अज्ञात योद्धा होता है। उसे कोई नहीं जानता, तथापि चारों ओर से उस पर दोषारोपण किया जाता है। संवाददाता उससे नाराज रहते हैं क्योंकि वह उनकी कापी को खराब कर देता है, रद्द कर देता है, या उसमें काट-छांट करता है। वे यह शिकायत करते हैं कि उप-संपादक उनकी तैयार की हुई कापी को बिगाड़ देता है। संवाददाता को इस बात का गर्व होता है कि उसने कितना अच्छा समाचार लिखा और जब उप-संपादक उसे ठीक नहीं समझता या उसे फिर से लिखता है या उसे अलग ढंग से लिखता है या रद्दी की टोकरी में फेंक देता है तो संवाददाता का खीझ उठना स्वाभाविक है। वे उप-संपादकों को 'किराए के हत्यारे' कहते हैं। उप-संपादक इसके जवाब में कहता है कि संवाददाताओं द्वारा भेजा गया संवाद (रिपोर्ट) अच्छी तरह से नहीं लिखा गया था, उसे फिर से लिखना पड़ा और आखिर में उसमें कई शब्द जोड़ने पड़े। इस प्रकार संवाददाताओं और उप-संपादकों के बीच एक कशमकश चलती रहती है—एक प्रकार का युद्ध लगातार चलता रहता है। एक संपादक ने इस झंझट से बचने के लिए एक उपाय किया। उसने उप-संपादकों को संवाददताओं का कार्य करने भेज दिया और संवाददाताओं को डेस्क का कार्य दे दिया। इस प्रकार उप-संपादकों को संवाददाताओं की समस्याएं मालूम हो गईं और संवाददाताओं को उप-संपादकों की कठिनाइयां मालूम हो गईं। बढ़ते हुए विशेषीकरण के इस युग में यह उपाय हमेशा उपयोगी नहीं होगा, किन्तु जहां कहीं संभव हो, इसकी आजमाइश की जा सकती है। जब पाठक समाचारपत्र में प्रकाशनार्थ समाचार भेजते हैं और उप-संपादक उनका अपने विशिष्ट तरीके से परिष्कार करता है तो वे समझते हैं कि उप-संपादक ने उनके द्वारा भेजी गई समाचार सामग्री की सुंदरता नष्ट कर दी है। उप-संपादक ये सभी प्रकार प्रतिदिन सहन करता हुआ अपना कार्य किए जाता है। वह इन बातों पर ध्यान नहीं देता, केवल अपने कार्य के नियमों का ध्यान रखता है।

किन्तु उप-संपादक जो कार्य करता है, वह बहुत महत्त्वपूर्ण होता है। लंदन टाइम्स के श्री एफ.जे. नैंसफील्ड ने कहा है, "किसी समाचारपत्र कार्यालय के उप-संपादक का कमरा वह कमरा होता है जहां दुनिया भर की कानाफूसियां होती हैं।"

समाचारपत्र की नीति, उस दिन उपलब्ध स्थान और समाचार के महत्त्व को दृष्टि में रखते हुए उप-संपादक जिस तरीके से कॉपी तैयार करता है, उसका संपादन करता है और समाचार की मुख्य पंक्ति लिखता है, वह तरीका वास्तव में अनूठा होता है। उसमें कई खतरे भी होते हैं। अंततः जब संपादक दूसरे दिन सुबह समाचारपत्र पढ़ता है तो त्रुटियों, गलतियों, लुप्तियों, अशुद्ध भाषा, अपमानकारक कथनों, गलत नामों और महत्त्वहीन मुख्य पंक्ति के लिए उप-संपादक को ही उत्तरदायी ठहराता है। संवाददाता निश्चय ही यह शिकायत करेंगे कि उनके संवादों को तोड़ा-मरोड़ा गया है या उन्हें बेहूदे ढंग से कम कर दिया गया है या इतना बिगाड़ दिया गया है कि वे पहिचाने भी नहीं जाते। अच्छे समाचारपत्र का प्रकाशन उसे अपार संतोष प्रदान करता है। वह अपना पुरस्कार आप ही है। वह इस बात को याद रखता है कि ब्रिटिश समाचारपत्र उद्योगपति नार्थक्लिफ ने अपने कर्मचारियों से कहा था, "देखिए कि फलों की दुकान वाला क्या करता है। वह अपनी दुकान की खिड़की में अच्छे-से-अच्छे सेब रखता है जिससे कि दुकान की शोभा बढ़े और वे रास्ते से गुजरने वाले लोगों को आकर्षित करें, जिससे वे अंदर आएं और कुछ खरीदें। सर्वोत्तम समाचार को समाचारपत्र की खिड़की पर अर्थात् पहले पृष्ठ पर (या मुख्य समाचार पृष्ठ पर) अत्यंत आकर्षक रूप में प्रकाशित करना चाहिए।"

घड़ी उप-संपादक की सबसे बड़ी शत्रु है। उसे इसके विरुद्ध भागना पड़ता है। संवाददाता समय और अंतराल की अपेक्षा करते हैं जिससे वह संवाद के भीतरी तात्पर्य की तह तक पहुंच सकें। उप-संपादक तथा समाचार संपादक पूरे समय या अधिकतर समय संवाद के मुख्य मुद्दों को जल्दी में देखते रहते हैं। यह बात नहीं है कि उप-संपादक विस्तृत विश्लेषण नहीं देना चाहते। यह भी नहीं है कि उद्यमी संवाददाता संवाद कथा लाने में अगुआ होने की भावना से प्रेरित नहीं होते और न वे उप-संपादक की इस समस्या से बेखबर रहते हैं कि उसे समय से अपनी कॉपी प्रेस रूम में भेजनी है। दूसरे शहरों को

रेल, हवाई जहाज और बस से समाचारपत्र भेजने के लिए उनका समय से छपना भी जरूरी है। इस प्रकार उप-संपादक तथा संवाददाता की प्राथमिकता भिन्न होती है।

इसके लिए हम उप-संपादक की निंदा नहीं कर सकते। संवाददाता द्वारा भेजे गए लाखों शब्दों को पढ़ने में बहुत समय लगता है। इसलिए उप-संपादक के पास पुरानी पत्रकारिता की परिपाटी पर आधारित एक आसरा यह है कि वह जनप्रिय संवाद को काट-छांटकर अपने सीमित स्थान के अनुसार ले लेता है और शेष रद्दी को टोकरी में फेंक देता है। इससे कई बार उप-संपादक तथा संवाददाता के बीच एक तनाव पैदा हो जाता है। संवाददाता जब सुबह अपने समाचारपत्र में अपनी संवाद कथा को, जिसे वह उत्तम कोटि का संवाद समझता था, कटे-छंटे, तोड़े-मरोड़े ढंग से छपा देखता है तो वह व्याकुल हो जाता है। कई वर्ष तक मेरा एक संवाददाता दफ्तर में आकर मुझसे उप-संपादकों की मूर्तितोड़क तथा कसाई प्रवृत्ति की शिकायत करता रहा। संपादकों का इस संबंध में अपना दृष्टिकोण है। यह विवाद दो व्यक्तियों के बीच का नहीं बल्कि दर्शनों और दृष्टियों के बीच का है। यदि समाचारपत्र उस बौद्धिक श्रेष्ठता का स्तर पाना चाहता है जो कि आज की व्यावसायिक होड़ में आवश्यक है तो उसे इस विवाद को निपटाना जरूरी है।

उप-संपादक जो समाचार चुनते हैं और समाचारपत्र में मुद्रित करते हैं उन पर बहुधा यह आरोप लगाया जाता है कि वे समाज के प्रति व्यापक हित ध्यान में नहीं रखते। उनका दृष्टिकोण स्पर्धा तथा व्यावसायिक होड़ की ओर ही रहता है। ऐसा नहीं है कि वह समाज के प्रति अपने उत्तरदायित्व से अनभिज्ञ हों। परंतु उप-संपादकों के लिए समय की निर्दिष्ट सीमा का ध्यान रखना मुख्य आवश्यकता हो जाती है। एक प्रसिद्ध अमेरिकी पत्रकार जैम रस्टन का मत है, "यह जानना कि आज क्या हुआ, अधिक आवश्यक है बजाय यह जानने के कि इसका प्रभाव कल पर क्या पड़ेगा।" उप-संपादक को इस बाबत सतर्क रहना पड़ता है।

उप-संपादक को हर संवाद कथा से उलझना पड़ता है। वह एक मूर्तिकार की तरह छांटकर आकृति देता है और उसकी भाषा सुधारता है। अग्रलेख को सुधारा जाता है। पैराग्राफ अंकित किए जाते हैं। शब्द बदल दिए जाते हैं और इस प्रकार संवाद की आकृति चमकदार बन जाती है। उसके सारे प्रयासों का परिणाम एक प्रकाशमय समाचारपत्र के रूप में सामने आ

जाता है। एक उप-संपादक जो मेरे साथ काम करता था, उसकी यह अनोखी अभिरुचि थी कि वह प्रमुख समाचारपत्रों की बड़ी सुर्खियां अर्थात् हेडलाइन्स काटकर एकत्रित करता था ताकि वह हमारे समाचारपत्र की सुर्खियों से उनकी तुलना कर सके। यह एक बहुत ही आकर्षक अध्ययन था। जयराम (उसको यह नाम दे दें) अक्सर मेरे पास यह बताने के लिए आया करता था कि उसका कार्य किसी अन्य समाचारपत्र के उप-संपादक के कार्य से किसी प्रकार हल्का नहीं है। सुर्खियों (शीर्षक) और समय सीमाओं से उप-संपादक बहुत संबद्ध रहता है।

सच बात तो यह है कि उप-संपादक के बूते पर ही किसी भी समाचारपत्र को गढ़ा जा सकता है। बनाया जा सकता है। सजाया जा सकता है। संवारा जा सकता है। वही किसी भी समाचारपत्र का असली योद्धा होता है। हालांकि उसके ऊपर वरिष्ठ उप-संपादक, मुख्य उप-संपादक, समाचार संपादक, सहायक संपादक, कार्यकारी संपादक या संपादक नाम के वरिष्ठ विद्वान जन भी होते हैं, पर असली काम उप-संपादक नामक प्राणी ही करता है।

आज के जमाने में जैसे-जैसे पत्रकारिता के क्षेत्र में बड़े तगड़े-तगड़े बदलाव होते जा रहे हैं, वैसे-वैसे उप संपादकों का काम और अधिक बढ़ता जा रहा है। अब उप-संपादक सिर्फ खबरों के कील-कांटे ही दुरुस्त नहीं करते हैं बल्कि चित्रों का चयन भी वही करते हैं और कंप्यूटर पर पेज भी वही बनाते हैं। कंप्यूटर पर ही संपादन (ऑन लाइन एडिटिंग) और कंप्यूटर पर ही पेज निर्माण। बाकी काम बचा क्या!

कुल मिला कर यह भी कहा जा सकता है कि समाचारपत्रों के बनाने, सजाने और संवारने का काम उप-संपादक ही करता है। वही असली शिल्पकार होता है किसी भी अखबार का। कैरियर के लिहाज से भी यह कहा जा सकता है कि पहले दो साल की सफल ट्रेनिंग के बाद किसी भी योग्य व्यक्ति को उप-संपादक का पद दे दिया जाता था। पर अब कुछ समाचारपत्रों में जूनियर सब एडीटर या डिप्टी सब एडीटर के पद सृजित होने की वजह से नवागंतुकों को उप-संपादक पद तक पहुंचते-पहुंचते चार-पांच साल भी लग जाते हैं। वैसे कोई शख्स यदि उप-संपादक (सब एडीटर) का पद पा जाता है, तो समझिए वह है काबिल। इस पेशे के लिए तो सर्वथा योग्य व्यक्ति वह है ही।

●●●

2

समाचार और संपादन

पहले यह कहा जाता था कि पत्रकारिता एक मिशन है। उस मिशन के तहत ही तो हमारे महान नेताओं ने देश को आजाद कराने में अपनी महत्त्वपूर्ण भूमिका निभाई थी। लोकमान्य बाल गंगाधर तिलक से लेकर गणेश शंकर विद्यार्थी तक और महात्मा गांधी से लेकर लाला लाजपत राय तक–ये सब के सब पत्रकारों का भी तो चोला पहन चुके हैं। ये तब रिपोर्टर भले न रहे हों, पर संपादक और लेखक के रूप में तो अपने मिशन में जुड़े रहे ही हैं। पर अब स्थितियां ठीक इसके उलट हो गई हैं। अब यह मिशन नहीं, पेशा बन गया व्यवसाय बन गया है। लोग पत्रकारिता को मिशन नहीं, नौकरी का एक माध्यम भर मानते हैं। तभी तो आजकल के बच्चे इंटर या बी.ए. करने के बाद सीधे पत्रकारिता का कोर्स करते हैं और कूद पड़ते हैं नौकरी के मैदान में। तकरीबन दस से 12 हजार लड़के प्रतिवर्ष पत्रकारिता का डिप्लोमा या कोर्स करके नौकरी के मैदान में उतर जाते हैं। कुछ पा जाते हैं, तो कुछ संघर्षरत रहते हैं। पहले ऐसा बिलकुल नहीं था। इस क्षेत्र में पहले कम ही लोग आते थे, क्योंकि यहां नौकरी कम, खतरे ज्यादा और समय का भयंकर अभाव रहता था। लोग सिर्फ और सिर्फ पत्रकारिता ही करते रहते थे। घर-परिवार को भूल कर। बस।

वैसे भी इधर 25 सालों में पत्रकारिता के क्षेत्र में भी तमाम बदलाव आए हैं। 1980 के दशक में तमाम बड़े समाचारपत्रों में कंपोजिंग हाथ से होती थी। उसमें समय बहुत जाया जाता था। बाद में लाइनो आई और फिर कंप्यूटर। अब तो कंप्यूटर पर ही सारे काम होते हैं। उसी पर ही रिपोर्टें लिखी जाती हैं। लेख लिखे जाते हैं और सीधे-सीधे संपादन भी कंप्यूटर पर ही हो जाता है। और पेज भी उसी पर ही बन जाता है। अब तो यह प्रचलन आम

हो गया है। लगभग सभी प्रमुख अखबारों में ऐसा होता है। दरअसल, यह प्रथा शुरू कराई थी 1989 में 'संडे ऑब्जर्वर' ने। संडे ऑब्जर्वर निकाला था देश के प्रमुख उद्योगपति धीरू भाई अंबानी ने। तभी से इस देश में पत्रकारिता का पूर्ण कंप्यूटरीकरण शुरू हुआ था।... और अब तो सारा देश ही कंप्यूटरों के मोहजाल में फंस चुका है।

पहले तो संपादन करते समय लोगों की उंगलियां नीली या काली पड़ जाती थीं, क्योंकि स्याही उन उंगलियों को अपनी गिरफ्त में ले लेती थी। बाद में रिफिल ने हाथों को गंदा होने से बचाया। और अब तो कागज-कलम का काम ही लगभग समाप्त-सा हो गया है। सब चीजें ऑन लाइन हो गई हैं। कुल मिलाकर यह कहा जा सकता है कि पत्रकारिता का पेशा पूरी तरह से आधुनिक हो गया है। तकनीक के लिहाज से भी, और विचारधारा के लिहाज से भी।

सत्य बात तो यह है कि पत्रकारिता की भाषा में समाचार को 'कथा' कहा जाता है। समाचार को उतना ही प्रवाहमय होना चाहिए जितनी प्रवाहमय कोई कथा होती है। कथा-कथन की कला की तरह ही समाचार कथन की कला भी होती है। सीधे-सादे ढंग से समाचार देना सरल काम है, किन्तु समाचार को कहानी बना देना कलाकार का ही काम है। इस विषय में एक अधिकारी विद्वान ने कहा है, "कोई भी कथा सत्य प्रतीत होनी चाहिए, सुसंगत होनी चाहिए, अच्छे ढंग से कही जानी चाहिए, संक्षिप्त और नयी होनी चाहिए। जब कभी इन नियमों का उल्लंघन होगा बुद्धिमान मनुष्य उसे छोड़कर सो जाएगा, मूर्ख भले ही उसकी प्रशंसा करे।"

महत्त्वपूर्ण समाचार अधिक समझदारी और अधिक दिलचस्प ढंग से लिखा जाना चाहिए। संवाददाता को ऐसा तरीका ढूंढ़ निकालना चाहिए कि उसके पाठक उसके समाचार में दिलचस्पी लें। समाचार-कथा लिखते समय उसे इस बात का ध्यान रखना चाहिए कि लोगों को समाचारपत्र की एक प्रति खरीदने के लिए प्रेरित करना कठिन होता है और उससे भी कठिन होता है उन्हें समाचारपत्र पढ़ने के लिए प्रेरित करना। यदि कोई संवाददाता किसी समाचार-कथा के ब्यौरे इकट्ठा करने में और उसे लिखने में कई घंटे लगा देता है, यदि समाचार को

न पढ़ा जाए तो तो मान लेना चाहिए कि उसने अपना कीमती समय नष्ट किया है। कई समाचार पढ़े ही नहीं जाते क्योंकि उनका लेखन नीरस और अरुचिकर होता है।

समाचार छोटे और स्पष्ट वाक्यों में लिखे जाने चाहिए। उनकी शैली ऐसी होनी चाहिए कि लोग उन्हें पढ़ें। स्पष्टता की आवश्यकता कोई नई बात नहीं है किन्तु आज जब कि जीवन बहुत गतिमय हो गया है और लोगों की भाग-दौड़ और जल्दबाजी बढ़ गई है, समाचार का स्पष्ट होना और भी अधिक आवश्यक हो गया है। समाचार लिखते समय संवाददाता को इस बात का हमेशा ध्यान रखना चाहिए कि लोगों को समाचार पत्र की एक प्रति खरीदने के लिए प्रेरित करना कठिन होता है और उससे भी कठिन होता है उन्हें समाचारपत्र पढ़ने के लिए प्रेरित करना। यदि कोई संवाददाता किसी समाचार-कथा के ब्यौरे इकट्ठा करने में और उसे लिखने में कई घंटे लगा देता है, यदि समाचार को न पढ़ा जाए या मुख्य पंक्ति के नीचे लिखा गया समाचार न पढ़ा जाए तो मान लेना चाहिए कि उसने अपना कीमती समय नष्ट किया है। कई समाचार पढ़े ही नहीं जाते क्योंकि उनका लेखन नीरस और अरुचिकर होता है।

समाचार छोटे और स्पष्ट वाक्यों में लिखे जाने चाहिए। उनकी शैली ऐसी होनी चाहिए कि लोग उन्हें पढ़ें। स्पष्टता की आवश्यकता कोई नई बात नहीं है किन्तु आज जब कि जीवन बहुत गतिमय हो गया है और लोगों की भाग-दौड़ और जल्दबाजी बढ़ गई है, समाचार का स्पष्ट होना और भी अधिक आवश्यक हो गया है। समाचार लिखते समय संवाददाता को इस बात का हमेशा ध्यान रखना चाहिए कि समाचार पाठकों को पसंद आए। समाचार आकर्षक होने चाहिए। समाचारों को सजीव होना चाहिए, जिससे कि वे पाठकों को रुचिकर लगें।

पाठक अच्छे समाचार की प्रशंसा करेंगे, किन्तु वे उपदेश सुनना नहीं चाहेंगे। भाषणबाजी से उन्हें निश्चय ही चिढ़ होती है। अच्छे ढंग से लिखे गए समाचार पाठकों को पसंद आएंगे तथापि कोई असत्य या गलत बात नहीं लिखी जानी चाहिए। सत्य, संपूर्ण सत्य और मात्र सत्य ही संवाददाता का ध्येय होना चाहिए। सत्य चाहे जितना भी कठोर हो, संवाददाता को उसे ऐसे ढंग से प्रस्तुत करना चाहिए ताकि वह अप्रिय न लगे। इस संबंध में संस्कृत श्लोक उसका मार्गदर्शक होगा–**"सत्यं**

ब्रूयात प्रियम् ब्रूयात न ब्रूयात सत्यं अप्रियम्" अर्थात सत्य कहो किन्तु इस प्रकार न कहो कि वह अप्रिय लगे।

अच्छे संवाद-लेखन की दूसरी विशेषता है वस्तु-निष्ठा। विभिन्न घटनाओं के संबंध में लिखते समय संवाददाता के लिए यह संभव नहीं होता कि उसके समाचार में उसकी अपनी पसंद या नापसंद का पुट न आए। किन्तु जहां तक हो सके, उसे व्यक्तिगत पूर्व-धारणाओं और भावावेगों से दूर रहना चाहिए और मूलभूत सत्य पर ध्यान देना चाहिए। जागरूक संवाददाता को यह लक्ष्य प्राप्त करना चाहिए। गार्जियन (मैनचेस्टर) के पूर्व प्रसिद्ध संपादक सी.पी. स्कॉट ने इसी विचार को संक्षेप में इस प्रकार लिखा है-"समाचार-संग्रह समाचारपत्र का प्रथम कर्तव्य है। कोई समाचार भले ही उसकी भावना पर आघात करता हो किन्तु उसे उस समाचार को दूषित नहीं होने देना चाहिए। समाचारपत्र जो कुछ समाचार दे, चाहे न दे या चाहे जिस ढंग से उसे प्रस्तुत करे, सत्य को ठेस नहीं पहुंचनी चाहिए। तथ्य पवित्र हैं, व्याख्या स्वतंत्र है।"

संवाददाता को समाचारपत्र की भाषा में पारंगत होना चाहिए। भाषा में गति के फलस्वरूप ही वह स्पष्ट और आकर्षक ढंग से समाचार लिख सकेगा। उसे आडम्बरपूर्ण शैली से बचना चाहिए क्योंकि उससे पाठक खीझ उठते हैं। संवाददाता को सदैव इस बात का स्मरण होना चाहिए कि समाचारपत्र विद्वानों द्वारा ही नहीं पढ़ा जाता अपितु साधारण और सामान्य लोगों द्वारा भी तो पढ़ा जाता है। भाषा इतनी सरल होनी चाहिए कि उसे कोई भी अनायास समझ ले। पत्रकारों को अपने समाचारपत्र के लिखते समय अपनी विद्वता का प्रदर्शन नहीं करना चाहिए। जवाहरलाल नेहरू समाचारपत्रों की उच्च स्तरीय भाषा पसंद नहीं करते थे। एक बार उन्होंने संपादकों के एक सम्मेलन में कहा था कि उनके कार्यालय में चतुर्थ श्रेणी के कर्मचारी समाचारपत्रों की हिन्दी नहीं समझ पाते, क्योंकि वह विद्वज्जनोचित होती है।

इस संबंध में तो यह सिद्धांत अवश्य ध्यान में रखा जाना चाहिए-"जब सरल शब्द से काम चल सकता है तो कठिन शब्द का प्रयोग न किया जाए। जब साधारण वाक्य से काम चल सकता है तो मिश्र वाक्य का प्रयोग न किया जाए। भाषा सरल होनी चाहिए। सरलता का अर्थ नीरसता नहीं है। सरलता भी आकर्षक हो सकती है।"

सरल और आकर्षक भाषा प्रयोग के अतिरिक्त एक और बात ध्यान में रखी जानी चाहिए। कई व्यक्तियों का पठन केवल समाचार-पत्रों तक ही सीमित रहता है। वे समाचार-पत्रों पर न केवल सामान्य ज्ञान के लिए बल्कि भाषा, मुहावरों, व्याकरण और हिज्जों के लिए भी निर्भर रहते हैं। जब मैं महाविद्यालय में पढ़ता था तब मेरे अंग्रेजी के प्राध्यापक छात्रों को 'लंदन टाइम्स' और मद्रास के 'हिन्दू' के संपादकीय लेख पढ़कर सुनाया करते थे। न केवल छात्रों के सामान्य ज्ञान के लिए बल्कि उन समाचारपत्रों की भाषा की मनोहरता और रचना-कौशल से छात्रों को परिचित कराने के लिए भी वे ऐसा किया करते थे। एक बड़ी सीमा तक समाचारपत्र अधिकांश पाठकों के लिए भाषा का शिक्षक होता है। लोकतंत्रात्मक समाज के एक अभिन्न अंग के रूप में समाचार पत्र को सरल और शुद्ध भाषा का प्रयोग करना चाहिए। लोकतंत्रात्मक व्यवस्था में यह और भी आवश्यक हो जाता है क्योंकि लोग एक-दूसरे के अधिक निकट आ जाते हैं और एक-दूसरे के बारे में अधिक जानना चाहते हैं। जिस प्रकार दुल्हन को कपड़ों और गहनों से सजाना होता है, उसी प्रकार समाचार को भी अच्छी भाषा में प्रस्तुत करना होता है। तभी तो वह अच्छा दिखेगा। अच्छा लगेगा।

आज के जटिल विश्व में, जिसमें मनुष्य के पास समय बहुत कम होता है, समाचार दे देना मात्र पर्याप्त नहीं होता। समाचार की व्याख्या का अर्थ है पाठकों को समाचार ऐसे ढंग से समझाना कि वे उसे समझ सकें। यह व्याख्या प्रत्येक समाचार के साथ होनी चाहिए, चाहे समाचार स्थानीय हो या राष्ट्रीय या अंतरराष्ट्रीय। पाठकों को बताना पड़ता है कि अमुक घटना क्यों हुई। एक प्रसिद्ध पत्रकार ने कहा है, "व्याख्यात्मक समाचार बीते कल के समाचार को आज के समाचार से संबंधित करता है जिससे कि आने वाले कल का अर्थ निकाला जा सके।" आज के समस्या-ग्रस्त और बीते कल के विश्व में सीधा समाचार देना जितना आवश्यक है उससे भी कहीं अधिक आवश्यकता है व्याख्यात्मक समाचार देना। व्याख्यात्मक लेखन संपादकीय लेखन नहीं होता। संपादकीय लेखन का कार्य अग्रलेख लिखने वालों पर छोड़ दिया जाना चाहिए। यह सत्य है कि कई मामलों में हम संवाददाताओं में संपादकीय प्रवृत्ति पाते हैं। तथ्यात्मक व्याख्या और संपादकीय युक्ति में निश्चित भेद है।

व्याख्या से समाचार का अर्थ स्पष्ट होता है। व्याख्या का क्षेत्र यह कहना नहीं है कि समाचार अच्छा है या बुरा, हितकर या अहितकर है।

व्याख्या, तथ्य और मत से भिन्न होती है। नये तथ्य वे होते हैं जिन्हें आप देखते हैं। पृष्ठभूमि वह होती है जिसे आप जानते हैं और मत वह होता है जो आपके अपने मस्तिष्क में उभरता है।

समाचार ऐसा हो जो वह बताए कि अमुक घटना क्यों हुई और जो निष्कर्षों को इतने स्पष्ट रूप से प्रस्तुत करे कि गलतफहमी की कोई गुंजाइश ही न रह जाए।

अन्वेषणात्मक संवाद-लेखन वह होता है जिसमें घटनाओं की गहराई में पैठना होता है और पता लगाना होता है कि घटना किन कारणों से हुई। सामान्य संवाददाता आवश्यक ब्यौरे इकट्ठा करता है और अन्वेषक संवाददाता कारणों को ज्ञात करता है, प्रवृत्तियों का पता लगाता है और तथ्यों की व्याख्या करता है। कभी-कभी अन्वेषणात्मक संवाद-लेखन के समाचारों को समाज की किसी प्रथा के विरुद्ध किसी समाचार पत्र द्वारा चलाए जा रहे किसी आंदोलन में, उपयोग में लाया जाता है।

इस प्रकार के संवाद-लेखनों में संवाददाता को पहले सभी तथ्य एकत्र कर लेने चाहिए। वह अपने कार्यालय में यह आशा करते हुए निष्क्रिय नहीं बैठ सकता कि तथ्य उसके पास अपने आप आ जाएंगे। कल्पना से तथ्य नहीं निकाले जा सकते, चाहे कितना भी मन्थन किया जाए। तथ्यों को परिश्रमपूर्वक एकत्र करना पड़ता है। अन्वेषक-संवाददाता की कसौटी यह है कि वह कितनी अच्छी तरह से तथ्यों को एकत्र करता है और किस कुशलता से तथ्यों को समाचार के रूप में विकसित करता है जिससे कि समाज को उसके महत्त्व से परिचित कराया जा सके, और इस बात से कि समाचार में वह मानवीय अभिरुचि का परिचय किस हद तक दे सकता है।

समाचार प्रभावोत्पादक ढंग से लिखा जाना चाहिए। दूसरी बातों के साथ इस बात के लिए भी यह आवश्यक है कि पाठक समाचारों को पढ़े। इसका सबसे अच्छा तरीका यह है कि समाचार का सूत्रपात अच्छे ढंग से किया जाए। सूत्रपात से आशय है वह वाक्य या वे वाक्य जिससे या जिनसे किसी समाचार का प्रारंभ होता है। इसका विकास संभवतः प्रथम संपादकीय को अग्रलेख बनाने की परिपाटी से हुआ है। समाचार

एकत्र करने के बाद संवाददाता के सामने कठिन कार्य यह होता है कि वह अपने समाचार का आरंभ किस प्रकार से करे। पहले कुछ शब्द ही समाचार की पठनीयता की कसौटी का काम करते हैं। सूत्रपात का प्रयोजन समाचार को गतिपूर्वक चालू करना और पाठकों को उसे पढ़ने के लिए प्रेरित करना होता है। अच्छा सूत्रपात समाचार की प्रवृत्ति का द्योतक होता है और पाठकों को आकर्षित करता है।

संवाददाता अपने समाचारों का सूत्रपात बहुत सोच-समझकर करता है। समाचारों का आरंभ सामान्यतः इस प्रकार किया जाता है कि पहले पैराग्राफ में ही पूरे समाचार का सारांश आ जाता है। कई बार समाचार एक चमक या कौंध के रूप में दिया जाता है। "पृथ्वीपाल सिंह को गोली मार दी गई" चमक के रूप में यह खबर आती है और उसके बाद विवरण दिया जाता है कि अंतरराष्ट्रीय ख्याति के हाकी खिलाड़ी का अंत किस प्रकार हुआ। यह आधुनिक पत्रकारों द्वारा गढ़ा गया कोई शिल्प नहीं है। लंका से लौटे हनुमानजी से वाल्मीकि ने कहलाया है, "मैंने देवी (सीता) को देखा।" हनुमान संक्षेप में बतलाते हैं, कि वे किस प्रकार लंका पहुंचे, किस प्रकार कठिनाइयों से वे उनके पास जा पाए और किस प्रकार उनकी पूंछ जलायी गई। ये सब बातें मन में रखते हैं और बाद में विवरण देते हैं। उनकी प्रथम सूचना 'मैंने देवी को देखा' चमक या कौंध रूप में होती है।

वाल्मीकि भी एक अच्छे पत्रकार थे जो अपने बखान में बहुधा रामकथा को दोहराते हैं। जिस प्रकार पत्रकार अपने लंबे संवाद में लिखते हैं–"पाठकों को स्मरण होगा कि..." जिससे पाठकों को यह याद कराया जा सके कि पहले इस संदर्भ में क्या हुआ था। अनुभवी पत्रकारों का कथन है कि सूत्रपात में ही समाचार का सार-सर्वस्व होना चाहिए जिससे कि यदि शेष समाचार को काट भी दिया जाए तो भी समाचार अविकल बना रहे। कुछ पत्रकारों का कथन है कि समाचार का विकास जलाशय में कंकड़ फेंक देने पर जल की सतह पर बनने वाली तरंगों का विकास संकेंद्रीय वृत्तों में होता है, उसी प्रकार समाचार के प्रत्येक दूसरे वाक्य से अतिरिक्त जानकारी मिलनी चाहिए। आज की प्रवृत्ति छोटे सूत्रपातों की है। औसत सूत्रपात तीन शब्दों से अधिक का नहीं होता। सामान्यतः इस सीमा के अंदर समाचार प्रभावोत्पादक ढंग से कहा

जा सकता है। एक संपादक इस प्रकार कहता है कि औसत मनुष्य सूत्रपात का सारांश बीस शब्दों में बता देता है और मुख्य पंक्ति का लेखक उसे दस शब्दों में या उससे भी कम शब्दों में रखता है। संवाददाता को सदैव, विशेषत: समाचार का सूत्रपात करते समय, घुमावदार उप वाक्यों से बचना चाहिए।

इस बदलते परिप्रेक्ष्य में पत्रकारिता के क्षेत्र में जो सबसे बड़ा बदलाव आया है, वह है डिजाइनिंग का। पहले डिजाइनरों का अखबार के दफ्तरों में ना के बराबर ही काम होता था, पर अब ऐसा नहीं है। पहले उप संपादक, मुख्य उपसंपादक या समाचार संपादक जो डिजाइन बना कर दे देता था, उसी डिजाइन पर ही पेज बना दिए जाते थे। हालांकि बीच के सालों में फीचर विभाग से संबंधित कार्यों को ले-ऑउट आर्टिस्ट या डिजाइनरों ने देखना शुरू कर दिया था, पर अब अखबार का सारा काम डिजाइनरों की देख-रेख में ही होता है। ऐसा इसलिए होता है कि ताकि अखबार देखने में खूबसूरत लग सकें क्योंकि जमाना टीवी का है, जिसमें लोग सिर्फ देखते ही देखते हैं, बस।

यह वीडियो लुक पत्रकारिता का चलन बढ़ तो रहा है, पर इसका सबसे बड़ा नुकसान ये हो रहा है कि खबरें अब अखबारों में कम छपती हैं। दिखती ज्यादा हैं।

हां, पत्रकारिता के क्षेत्र में आए बदलाव का एक बड़ा असर यह भी दिखा है कि अब खेल (स्पोर्ट्स) और वित्त (फाइनेंस) के क्षेत्र को भी पर्याप्त महत्त्व दिया जाने लगा है। पहले ये ही दो क्षेत्र ऐसे थे, जिनकी सबसे ज्यादा उपेक्षा की जाती थी, पर अब इसका ठीक उलटा हो रहा है। आज की तारीख में स्पोर्ट्स, बिजनेस और फाइनेंस जर्नलिज्म को तो बहुत-बहुत महत्त्व दिया जाने लगा है।

कुल मिलाकर यह भी कहा जा सकता है कि जमाने के साथ-साथ पत्रकारिता के क्षेत्र में भी बड़े-बड़े बदलाव हो रहे हैं और हुए हैं। ये बदलाव अभी और होंगे, यह भी तय है।

●●●

3

संपादन के बदलते रूप

पत्रकारिता के क्षेत्र में बदलाव हो रहे हैं। तेजी से हो रहे हैं। प्रसार भी बढ़ रहा है, तो विज्ञापन भी बढ़ रहा है। अखबारों के संस्करण भी बढ़ रहे हैं, तो अखबारों के विभिन्न विभागों में काम करने वाले कर्मचारियों की तनख्वाहों में भी तो बड़ी तगड़ी बढ़ोत्तरी हो रही है। 1980 के दशक में ठीक-ठाक और बड़े समाचार पत्रों में भी उपसंपादकों को एक हजार के आसपास वेतन मिलता था। बाद में स्थितियां बदलीं और परिस्थितियां भी। आज किसी भी अच्छे अखबार में उप संपादक को आठ या नौ हजार रुपए प्रति माह मिल जाते हैं। यह इस पेशे में आए या हो रहे बदलावों का ही तो संकेत है। आगे-आगे देखिए, होता है क्या?

यही नहीं, विस्तार के साथ-साथ समाचार पत्रों में क्षेत्रीयता के आधार पर विविधता भी आई है। एक समय ऐसा भी था, जब इस देश में अंग्रेजों की हुकूमत थी, तब पत्रकारिता को मिशन माना जाता था। राष्ट्र-धर्म माना जाता था। तब पत्रकारों को बहुत ज्यादा कष्ट झेलने पड़ते थे। न जाने कितने अखबार तब बंद और न जाने कितने पत्रकारों को हवालातों की सजा खानी पड़ी। तब संपादक की कुर्सी कांटों का ताज हुआ करती थी। सही बोलने वाले, सत्य लिखने वाले संपादाकों का ज्यादातर समय काल कोठरी में ही बीता करता था। सही बात तो यह है कि तब संपादकत्व एक साधना थी। तपस्या थी। पंडित अंबिका प्रसाद वाजपेई, बाबू राव विष्णु पराड़कर, गणेश शंकर विद्यार्थी, श्रीकृष्ण पालीवाल, माखन लाल चतुर्वेदी जैसे संपादकों को जिन लोगों ने काम करते देखा है, वे ही समझ सकते हैं कि संपादक होना तब कितने बड़े जोखिम का काम था।

समय बदल गया है। पूरी तरह से बदल गया है। अब जबकि पत्रकारिता ने व्यवसाय का रूप ले लिया है, वहीं अब पत्रकारिता भी पहले से कहीं ज्यादा जटिल भी हो गई है। अब समाचार पत्रों में संपादन का काम भी उतना सरल और सीधा तो नहीं ही रह गया है। उसके लिए सिर्फ आदर्श निष्ठा एवं आस्था की जरूरत नहीं ही रह गई है। व्यापक दृष्टि, विशद अध्ययन, उम्दा सामान्य ज्ञान, अंग्रेजी की ठीक-ठाक समझ, तीव्र अंतर्दृष्टि, मौलिक चिंतन, त्वरित फैसले करने की शक्ति, और चौतरफा दबावों के बीच स्थिर रहने और स्थिर रह सकने की शक्ति तो होनी चाहिए। साथ ही टाइम मैनेजमेंट का भी ख्याल रखना होता है, क्योंकि कंपटीशन इतना बढ़ गया है कि पूछिए मत। अब तो प्रत्येक आधे घंटे में एक संस्करण छोड़ना पड़ता है।

साथ ही समाचार संग्रह, लेखन एवं रिपोर्टों का चयन भी बड़ा जोखिम भरा काम हो गया है। पहले अखबारों में दो-चार तसवीरें लगा कर ही काम चल जाता था, अब तो ए.पी., ए.एफ.पी., रायटर्स और जीटीआई जैसी एजेंसियां हर पांच मिनट में आपके लिए सैकड़ों की तादाद में तसवीरें भेज देती हैं। ऐसे में फोटो का चुनना बहुत ही जोखिम भरा काम हो गया है। कुल मिलाकर यह कहा जा सकता है कि अब पत्रकारिता उतनी आसान रह नहीं गई है, जितनी कि हुआ करती थी। संपादन बदल गया है। स्टाइल बदल गया है। रूप बदल गए हैं।

भारत में पत्रकारिता का उदय बहुत सामान्य स्तर पर हुआ था, किन्तु वह आज एक सशक्त संस्था के रूप में प्रतिष्ठित हो चुकी है। पत्रकारिता का प्रारंभ हम कहीं प्राचीनकाल में भी खोज सकते हैं। नारद मुनि को हम सभी पत्रकारों का पूर्वज कह सकते हैं। महर्षि नारद अपने समय में विश्व के सभी स्थानों का भ्रमण कर समाचार-संचय एवं उनका यथा समय प्रसार किया करते थे, जिससे संबंधित व्यक्ति तदनुसार अपना कार्य संपादन कर सकें। दूसरों को समय पर सूचनाएं देने के लिए महर्षि नारद को उस समय और आज भी बहुत से लोग एक खुराफाती तथा एक-दूसरे के विरुद्ध भड़काने वाला व्यक्ति मानते हैं। हमारा ख्याल है कि यह सत्य के एक बेहूदा मूल्यांकन के अतिरिक्त और कुछ नहीं है, क्योंकि नारदजी ने जो कार्य हाथ में लिया

था, उसके पीछे केवल लोक-संग्रह की भावना काम कर रही थी। उनका उद्देश्य जनहित था। उदाहरणार्थ, नारदजी राजा पुरूरवा के पास संदेश लाए थे कि देवासुर संग्राम में इंद्र उनकी (पुरूरवा की) सहायता के आकांक्षी हैं और इसलिए उर्वशी को स्वर्ग न जाकर पुरूरवा की सहधर्मिणी के रूप में रहना चाहिए।

एक अन्य उदाहरण भी लें। महर्षि नारद हिमवान के पास यह खबर लाए थे कि पार्वती शंकर से विवाह करेंगी। इसमें भी विश्व के कल्याण की भावना थी। महर्षि नारद के बारे में प्राचीन एवं वर्तमान में कुछ भी धारणा हो, स्वयं भगवान कृष्ण ने अर्जुन के सम्मुख योग की व्याख्या करते हुए नारद को देवर्षि का स्थान दिया था। गीता में, उनके मुख से कहा गया है–"देवर्षि नाम च नारद" अर्थात "देवर्षियों में मैं नारद हूं।"

ठीक इसी तरह सरकारी बाधाओं के बीच पत्रकारिता का भी उदय हुआ था। इंगलैंड को संसदीय लोकतंत्र का जनक कहा जाता है। अतः यहां का ही उदाहरण पर्याप्त होगा। इंगलैंड के इतिहास में ऐसे कई अवसर आए हैं, जब हाउस ऑफ कॉमंस की रिपोर्टिंग के संबंध में पत्रकारों को कारावास भुगतना पड़ा है। भारत में भी ऐसे प्रतिबंधक कानून रहे हैं, जिनका उद्देश्य पत्रकारिता की औचित्यपूर्ण गतिविधियों को रोकना और उन पर नियंत्रण लगाना रहा है।

उपर्युक्त स्थिति में अब कुछ अच्छे सुधार हुए हैं। अब पत्रकारिता को लोकतांत्रिक प्रशासन का एक अविभाज्य अंग माना जाता है। प्रजातंत्र में सुसंगठित सरकारें भी सदैव परिवर्तनशील हुआ करती हैं। ब्रिटिश राजनीतिज्ञ बर्क ने प्रेस को चतुर्थ राज्य की संज्ञा दी है। तीन अन्य राज्यों में लार्ड्स स्प्रिचुअल एंड टेम्पोरेल तथा कामंस को गिना गया है। इस राजनीतिज्ञ का कहना था कि जिस गैलरी में समाचारपत्र संवाददाता बैठते हैं, वह चतुर्थ राज्य के समकक्ष है। इस कथन से यह स्पष्ट हो जाता है कि एक प्रजातांत्रिक देश में प्रेस का महत्त्व संसद के बाद दूसरे स्थान पर आता है। वास्तव में तो प्रेस को अहर्निश चलने वाली संसद कहा गया है। सच पूछा जाए तो संसद एवं प्रेस–ये दोनों ही लोकप्रिय सरकारों के आधार-स्तंभ हैं।

प्रेस के बारे में नेपोलियन का एक प्रसिद्ध कथन है। उसका कहना था कि चार विरोधी अखबारों का भय एक हजार संगीनों के भय से भी

बड़ा होता है। नेपोलियन का यह कथन अपने स्थान पर बिलकुल ठीक है और यह इसलिए सही है क्योंकि पत्रकारिता लोकप्रिय अभिव्यक्ति की एक कला है। पत्रकारिता सभी मामलों में चर्चा के लिए जनता के सामने लोक-कल्याण कार्यों की सूची पेश करती रहती है।

तानाशाह इसीलिए सबसे पहले स्वतंत्र पत्रकारिता को समाप्त करने की बात पर गौर करते हैं। वास्तव में देखा जाए तो तानाशाही में सबसे पहला खतरा स्वतंत्र समाचारपत्रों को ही रहता है। इस कथन से यह स्पष्ट हो जाता है कि प्रेस का अपना कितना प्रभाव हो सकता है। प्रेस जो भी सोचता है, उसका अपना एक महत्त्व है। ऐसा इसलिए है कि प्रेस की शक्ति जनशक्ति के आधार पर आंकी जाती है। अंततोगत्वा महत्त्व उसी बात का होता है, जिसे जनता सोचती है।

वास्तविक पत्रकारिता में उस बात को अभिव्यक्ति मिलनी चाहिए, जिसे जनता सोचती है। इसी कारण अभिव्यक्ति की स्वतंत्रता जनता का मूल अधिकार माना गया है। भारत के संविधान में अन्य देशों की प्रेस की स्वतंत्रता का विशेष रूप से उल्लेख नहीं किया गया है, किन्तु इसकी ओर किए गये संकेत से यह स्पष्ट है कि इसे अभिव्यक्ति स्वातंत्र्य का एक आवश्यक अंग माना गया है।

एक गणतंत्र देश में अभिव्यक्ति स्वातंत्र्य के अधिकार के अलावा जनता को यह अधिकार है कि उसके कल्याण तथा अन्य महत्त्वपूर्ण बातों के विषय में उसे सूचना मिलती रहे। जनता को अपनी रुचि एवं महत्त्व की बातें प्रेस-जगत से मिलती रहती हैं। इनसे जनता को ज्ञान एवं आनंद दोनों प्राप्त होते हैं। इसीलिए पत्रकारों को मानवमात्र का हितैषी कहा गया है। और, यदि कोई पत्रकार जनहितैषी नहीं है, तो उसे होना चाहिए। प्रेस का यह सामाजिक दायित्व हो जाता है कि वह पत्रकार को जनहितैषी बनाए।

प्रेस वास्तव में जन-विचारधारा का प्रतिनधित्व करता है। जन-मत को बनाने या उसे दिशा देने के काम में प्रेस अपनी सूचनाओं के आधार पर बड़ा महत्त्वपूर्ण काम करता है। कहने का तात्पर्य यह है कि प्रेस के तीन कर्तव्य होते हैं–इनमें से पहला है, जन-मत को अभिव्यक्ति देना, दूसरा है जन-मत को सूचित करना, और तीसरा है, संचित सूचना के

आधार पर या महत्त्वपूर्ण मामलों अथवा बड़ी मान्यताओं का समाधान देना। प्रेस का यह भी कर्तव्य है कि वह इस बात का प्रयास करे कि जो तथ्य उसने जनता के सामने रखे हैं, उनके आधार पर वह जन-मत को दिशा दृष्टि दे सके।

वास्तव में समाचारपत्र वर्तमान इतिहास का प्रमुख प्रवक्ता होता है। वर्तमान इतिहास केवल महत्त्वपूर्ण तथ्यों तथा महान निर्णयों के आधार पर ही नहीं बनता। इतिहास तो हर उस कार्य से बनता है जो जनता के हित में है, जिसकी ओर जनता का ध्यान आकर्षित होता है एवं जिससे जनता की रुचि परिष्कृत होती है। यह काम एक समाचारपत्र का है कि वह सभी महत्त्वपूर्ण घटनाओं का एक संतुलित, उचित खाका जनता के सामने प्रस्तुत करे।

एक दृष्टि से पत्रकार इतिहासकार होता है। समाचारपत्र जन-हित के मामलों में दैनिक कार्यकलाप की सूची तैयार करता है। समाचारपत्र जनता के समक्ष ऐसे तथ्य और मामलों को प्रस्तुत करता है, जो उसे उचित प्रतीत होते हैं। यद्यपि कई मामलों में ऐसा करने में कठिनाई भी पैदा हो जाती है, फिर भी समाचारपत्र ऐसा करते हैं। ऐसा करना इसलिए भी आवश्यक होता है कि इससे समाचारपत्र उन महान नैतिक सिद्धांतों को जनता के समक्ष रखते हैं, जिनसे जनता को दिशा मिलती है। वास्तव में यह समाचार-पत्रों का ऐसा कर्तव्य है जिसे उन्हें करना ही चाहिए। ड्यूक ऑफ वेलिंगटन के शब्दों में, "समाचारपत्रों को अपनी निर्भीकता के परिणामों को भुगतने के लिए सदैव तैयार रहना चाहिए।"

समाचारपत्रों का जनता पर असाधारण प्रभाव पड़ता है। एक कहावत है कि एक व्यक्ति ने, जिसकी घड़ी खो गई थी, इस आशय का विज्ञापन दिया कि जो कोई उसकी घड़ी वापस ला देगा, उसे बढ़िया इनाम दिया जाएगा। हालांकि बाद में उस व्यक्ति की घड़ी उसके ही कोट की जेब में मिल गई। इस पर उस व्यक्ति ने तुरंत अखबार को लिख भेजा कि अखबार इतनी सशक्त संस्था है कि यह गुम हुई घड़ी का निर्माण कोट की जेब में ही कर सकती है। धन्यवाद!

बहरहाल, प्रत्येक व्यक्ति की गुम हुई घड़ी को खोजकर कोट की जेब में वापस ला देना अखबार के लिए अतिशयोक्तिपूर्ण बात हो

सकती है, लेकिन इसमें दो मत नहीं हो सकते कि अखबार एक शक्तिशाली माध्यम है। समाचार एवं दृष्टिकोण दोनों को प्रस्तुत करने में अखबार की अपनी एक अलग महत्ता होती है। इस प्रकार विभिन्न प्रकार के विचारों एवं विभिन्न समस्याओं का समाधान सुनकर समाचार-पत्र हमारी रुचियों को परिष्कृत करते हैं। समाचारपत्र की शक्ति इस कथन से आंकी जा सकती है, "बिना समाचारपत्रों के दुनिया का अस्तित्व ही असंभव हो जाएगा।" आप उन क्षणों की कल्पना कीजिए जब बिना समाचारपत्र के भयंकर अफवाहें दुनिया में फैलेंगी और उनका कोई समाधान नहीं होगा। यही कारण है कि प्रत्येक वस्तुस्थिति का सही चित्र देने के लिए समाचारपत्र का अपना महत्त्व होता है। वास्तव में देखा जाए तो किसी भी विनाशलीला का समाचार-पत्र द्वारा दिया गया विवरण तत्संबंधी उड़ायी गई अफवाहों की तुलना में कम भयानक होता है।

पत्र-जगत राष्ट्रपति के कार्यालय अथवा सर्वोच्च न्यायालय जैसी कोई इकाई नहीं है। यह तो ऐसे अलग-अलग समाचार-पत्रों का संगठन है, जिसका विभिन्न प्रकार के विचारों को व्यक्त करने एवं अनंत विषयों से साबका पड़ता है। समाचारपत्रों में दैनिक, साप्ताहिक, पाक्षिक, मासिक एवं त्रैमासिक पत्र-पत्रिकाएं आती हैं। ऐसे भी पत्र हैं जो आयुर्वेद, आदिवासी कल्याण, ज्योतिष से लेकर जीवन-रहस्य तक पर सामग्री छापते हैं। इस तरह के अखबार देश की विभिन्न भाषाओं में निकलते हैं। इन सभी को मिलाकर पत्र-जगत बनता है।

पत्र-जगत और समाचार-पत्रों, संपादकों तथा पत्रकारों का उत्तरदायित्व जनता के प्रति होता है, क्योंकि जनता के कल्याण के लिए ही ये सब काम करते हैं और इसमें ही इनकी सार्थकता है। समाचार-पत्रों की महत्ता भारत जैसे विकासशील राष्ट्र में और भी बढ़ जाती है, क्योंकि यहां ऐसे लोगों एवं ऐसे पर्याप्त जनमत की कमी है जो किसी बात को दृढ़तापूर्वक स्थापित कर सकें। फलस्वरूप प्रेस का दायित्व इन स्थितियों में और भी दृढ़ हो जाता है। हमारा देश सांस्कृतिक स्तर पर काफी विकसित है, लेकिन राजनीतिक दृष्टि से अभी इसे काफी कुछ विकसित होना है। स्वर्गीय जवाहरलान जी के शब्दों में, "प्रत्येक नागरिक का यह कर्तव्य है कि वह इस बात पर विचार न करे कि देश ने उनके लिए क्या किया है?

इस समय प्रत्येक नागरिक को यह सोचना चाहिए कि वह मुल्क के लिए क्या कर सकता है? और इस दृष्टि से बहुत कुछ अभी किया जाने वाला है।" इस संबंध में प्रसिद्ध संपादक, श्री फ्रेंक मोरेस ने ठीक ही कहा है कि हमें अपनी दृष्टि ऊंची रखकर ऊंचे-से-ऊंचे स्तरों का निर्माण करना चाहिए। हम इस पीढ़ी में जिन प्रतिमानों का निर्माण करेंगे, उनका महत्त्व आगे चलकर आंका जा सकेगा।

देश में स्वतंत्र एवं निर्भीक पत्रकारिता के विकास में समाज का महत्त्वपूर्ण योगदान हुआ करता है। इसका कारण यह है कि पत्र जगत संपूर्ण समाज के कल्याण हेतु काम करता है। भूतपूर्व रष्ट्रपति वी.वी. गिरि ने प्रेस के बारे में ठीक ही कहा था, "समाचारपत्र ही हैं जो अपना दृष्टिकोण बिना किसी पक्षपात के, निर्भीकता से, जनता तक पहुंचाकर देश को नया रूप प्रदान कर सकते हैं।" समाचारपत्र लोगों को स्वतंत्र विचार व्यक्त करने एवं जन-मत को बनाने तथा उसका नेतृत्व करने में काफी योगदान कर सकते हैं। प्रजातांत्रिक संस्थाओं के विकास के लिए स्वतंत्र पत्रकारिता की अत्यंत आवश्यकता होती है।

समाचारपत्र जनता की आंख और कान हैं। इन्हीं के द्वारा जनता के लोकप्रिय अधिकारों की रक्षा एवं उचित जनहित का संरक्षण होता है। देश की विशाल, बढ़ती हुई जनसंख्या, पत्रकारों के दायित्वों को और भी बढ़ा देती है, क्योंकि इन्हीं के कल्याण हेतु पत्रकार कार्य करता है। आंग्ल दैनिक 'स्टेट्समैन' के भूतपूर्व संपादक, श्री अल्फ्रेड इयान चार्लटन के शब्दों में, "पत्रकारिता के क्षेत्र में काम करने वाले नई पीढ़ी के प्रत्येक स्त्री और पुरुष का काम है कि वह इस बात का ख्याल रखे कि उसका देश एक अत्यंत मानवता संपन्न राष्ट्र है जिसे कि उसे (पत्रकार) नया रूप प्रदान करना है।"

19वीं और 20वीं शताब्दी में जो संचार क्रांति आई और उसमें चलचित्र, रेडियो, टेलीविजन भी हैं जो सूचना, विचार तथा मनोरंजन का विस्तार करने में लिखित संचार अर्थात् समाचारपत्रों के साथ शमिल हो गए। इनकी इलेक्ट्रोनिक प्रकृति तथा उनके भिन्न-भिन्न तरीकों में, जिनसे उन्होंने अपना कार्य किया है, 'पत्रकारिता' शब्द 'मीडिया' की सभी विधियों की संज्ञा नहीं रह गया है। आज जन-माध्यम और जन-संचार

शब्द मीडिया को, जिसमें पत्रिकाएं सम्मिलित नहीं हैं, ज्यादा बेहतर ढंग से व्यंजित करते हैं।"

प्रत्येक संचार-व्यवस्था कुछ साधनों का उपयोग करती है। पत्र-व्यवहार में पत्र के ऊपर नाम तथा पता छापना तथा वार्तालाप की ध्वनि तरंगों का उपयोग सब परिपाटी है, परंतु जन-संचार में एक पूरी संस्था संदेश वाहक बन जाती है, जैसे एक समाचारपत्र, एक आकाशवाणी केंद्र या दूरदर्शन केंद्र।

"मास मीडिया एंड मॉडर्न सोसायटी" नामक पुस्तक के लेखक थियोडोर पीटरसन तथा अन्य ने जन-माध्यम के पांच विभेदक लक्षण बताए हैं। प्रथम–ये बहुधा एक प्रणाली हैं। ये पाठकों, श्रोताओं एवं दर्शकों के लिए प्रत्युत्तर या प्रश्न करने की सुविधा नहीं देते। द्वितीय–इनमें चयन अंतरग्रस्त है। प्रत्येक माध्यम अपने श्रोता चुनता है ओर जो श्रोता हैं वे अपना माध्यम अपनी आवश्यकतानुसार चुनते हैं। तृतीय–चूंकि माध्यम अब बहुत दूर तक और व्यापक श्रोताओं तक पहुंचने में सक्षम है इसलिए कम माध्यम की आवश्यकता है। एक अकेला प्रसारण जाल करोड़ों लोगों तक पहुंच सकता है। चतुर्थ–अधिक-से-अधिक श्रोताओं तक पहुंचने के लिए एक माध्यम किसी पोशनिकी केंद्र-बिंदु द्वारा न्यूनतम अभिधान को संबोधित करता है। पंचम–जन-संचार एक सामाजिक संस्था द्वारा, जो कि अपने माहौल का, जिसमें वह कार्यरत है, अनुक्रिया करता है। समाज तथा माध्यम के बीच एक परस्परता है। माध्यम सामाजिक, आर्थिक और राजनीतिक व्यवस्था को प्रभावित करते हैं और उससे प्रभावित भी होते हैं।

जैसा कि "मास मीडिया एंड मॉडर्न सोसायटी" पुस्तक में कहा गया है कि माध्यम को समझने के लिए आवश्यक है कि जिस समाज में वह सक्रिय है, उसे समझे। समाज को समझने के लिए उसके संस्थापन, उसकी धारणाओं तथा मूल विश्वासों का परीक्षण करना आवश्यक है। इन सबसे यह स्पष्ट होता है कि इतिहास, आर्थिक व्यवस्था, सामाजिक व्यवस्था तथा दर्शन का ज्ञान माध्यम को भली प्रकार समझने के लिए आवश्यक है। और यह वह समझ है जो पत्रकारिता के उच्च संस्थान अपने विद्यार्थियों को देने का प्रयास करते हैं।

इलेक्ट्रॉनिक युग ने नये माध्यम में एक बहुत बड़ा परिवर्तन ला दिया है। अमेरिका के बहुत सारे दैनिक-पत्र, वीडियो प्रदर्शन, टर्मिनल, कंप्यूटर, फोटो कम्पोजीशन मशीन आदि साधनों के संयोजन से इलेक्ट्रॉनिक पद्धति द्वारा मुद्रित किए जाते हैं। अब कागज-पत्रों से भरे एक 'समाचार कक्ष' में पत्रकार को कार्य नहीं करना पड़ता बल्कि अब आधुनिक देशों में उनके ऐसे कक्ष हैं, जहां स्वच्छता और शांति रहती है। एक अमरीकी पत्रकार मि. जोन शेहनबर्ग, भारत की यात्रा पर आए थे। उन्होंने बताया कि इस समय उनके देश में केवल टेलीविजन छाया हुआ है। केवल समाचार जाल, जो अपनी सेवाएं अपने सदस्यों को प्रदान करता है, अब स्थापित हो चुका है। 30 प्रतिशत से अधिक अमेरिकी घरों में बहुत बड़ी संस्था द्वारा संचालित यह प्रसारण माध्यम उपलब्ध है, जिसके लिए भारी रकम लगाई जा रही है।

वैसे भी जैसे-जैसे समय बीतता गया अखबारों की स्थितियां भी बदलती गईं और उनका महत्त्व भी बढ़ता गया। आज तो हर छोटे शहर से भी समाचारपत्र प्रकाशित हो रहे हैं। हिंदी के अखबारों का विकास तो बहुत ही तेजी से हुआ। विशेषकर उत्तर प्रदेश के हिंदी के दो समाचारपत्रों ने तो बहुत ही तेज गति से विकास का रथ घुमाया है। दैनिक जागरण, जो 1980 के दशक में सिर्फ कानपुर, लखनऊ, गोरखपुर एवं मेरठ से ही निकलता था, अब वह तकरीबन 25 स्थानों से निकल रहा है। दैनिक ने तो बड़ी तीव्र गति से राज्य की सीमाओं को भी लांघा है। आज यह अखबार उत्तर प्रदेश के सभी प्रमुख शहरों से तो निकल ही रहा है, साथ ही हरियाणा, पंजाब, बिहार, झारखंड, जम्मू कश्मीर एवं दिल्ली तक में इसने अपना परचम लहरा दिया है।

दैनिक जागरण या अमर उजाला ही नहीं, हाल के सालों में हिंदी के एक अखबार दैनिक भास्कर ने भी बहुत तेज गति से तरक्की की है। इस अखबार ने सबसे पहले मध्य प्रदेश के सभी प्रमुख शहरों में अपना वर्चस्व कायम किया, फिर राजस्थान के शहरों को अपनी आगोश में लिया। यहां अपना काम बढ़ाने के साथ ही भास्कर पंजाब एवं हरियाणा में जम कर बिका और बिक रहा है। अब इसकी योजना उत्तर प्रदेश में अपना काम बढ़ाने की है।

इस बीच हिंदुस्तान टाइम्स ग्रुप के हिन्दी के अखबार हिंदुस्तान ने भी कुलांचे मारनी शुरू कर दी हैं। इसने भी दिल्ली की अपनी सीमाओं को तोड़ा है। अब बिहार, लखनऊ, वाराणसी से निकलने के बाद यह अखबार भी प्रदेश की सीमाओं को तोड़ने के लिए उतावला घूम रहा है। बेचैन घूम रहा है।

हां, इस दौरान बिहार के प्रमुख समाचारपत्र जनसत्ता की लोकप्रियता लगभग अस्त हो गई, वजह थी प्रबंधकों का इस तरफ ध्यान न देना। एक समय में, तकरीबन 25 साल पहले यह निकलता सिर्फ दिल्ली से था, पर इसकी हुंकार सारे देश में सुनाई पड़ती थी। अब ऐसा नहीं। अब तो यह सिर्फ अखबार होकर रह गया है, बस। लगभग यही गति नवभारत टाइम्स की भी है। पहले इसने भी लखनऊ, पटना एवं जयपुर से अपने संस्करण निकाले, लेकिन वे भी शीघ्र बंद हो गए। अब तो यह अखबार सिर्फ मुंबई एवं दिल्ली से ही निकलता है, बस।

कुल मिलाकर यह कहा जा सकता है कि स्थितियां बदलीं और परिस्थितियां भी और अखबारों ने भी इन दोनों का भरपूर लाभ उठाया। संस्करण बढ़े, विज्ञापन बढ़े। अखबार मालिकों के धंधे बढ़े, तो इनमें काम करने वालों की तनख्वाहें भी बढ़ीं। यानी सबने तरक्की की–अखबारों ने, उसके मालिकों ने और उसमें काम करनेवाले कर्मचारियों ने।

●●●

4

फार्मूले संपादन के

किसी भी समाचारपत्र में संपादन प्रमुख कार्य होता है। बिना संपादन के समाचारपत्र का प्रकाशन संभव ही नहीं हो सकता। यदि बिना संपादन के अखबार मार्केट में आएगा भी, तो उसमें इतनी गलतियां निकलेंगी और होंगी, जिसकी कल्पना तक नहीं की जा सकती है। दरअसल, सत्य बात तो यह है कि अखबारों के लिए काम कर रहे रिपोर्टर थोड़ा जल्दी में होते हैं, लिहाजा लिखते समय या फिर कंप्यूटर पर कंपोज करते समय गलतियां रह ही जाती हैं। रिपोर्टें तो उस हीरे की तरह होती हैं, जिन्हें तराशा ही नहीं गया होता है। संपादन कार्य में जुटे उप-संपादक या उनके ऊपर के सहयोगी उस बिना तराशे गए हीरे को आकार देता है। अच्छा शीर्षक लगाता। इस तरह से वह रिपोर्ट या समाचार सुंदर दिखने लगता है। कभी-कभी तो रिपोर्टर की लिखी रिपोर्ट इस कदर कूड़ा मार्का लिखी गई होती हैं कि पूछिए मत, लेकिन संपादन होने के बाद वही समाचार जब अगले दिन छप कर आता है, तो यह रिपोर्टर भी चकरा जाता है कि उसने काफी घटिया ढंग से रिपोर्ट लिखी थी, अब उप संपादक का हाथ लगने से वह कितनी बढ़िया हो गयी है।

डेस्क पर काम कर रहे उप-संपादकों या उनसे बड़े पदों पर बैठे विद्वत जन बहुत ज्यादा प्रेशर में रहते हैं और वे उसी प्रेशर में ही काम करते हैं। तभी तो कभी-कभी उनसे भी गलतियां हो ही जाती हैं। लेकिन सच बात तो यही होती है कि मध्य रात्रि में जब लोग सो रहे होते हैं, तब ये डेस्क में बैठे उप संपादक लोग अखबार को सजा रहे होते हैं, संवार रहे होते हैं, ताकि सुबह के समय आपके हाथ में समय से अखबार पहुंच सके।

यह डेस्क पर काम कर रहे लोगों का ही दायित्व होता है कि वे और उनकी टीम समाचार को ठीक ढंग से तैयार करें। संपादन बढ़िया ढंग से

किया जाए और उसे बढ़िया-सा आकार प्रदान किया जाए। फिर यदि समाचार बढ़िया है, तो उसे ढंग से सजाया और संवारा जाए। साथ में एक महत्त्वपूर्ण तथ्य यह है कि समाचार जब तक पठनीय नहीं होगा, पढ़ने लायक नहीं होगा, तब तक डेस्क पर होने वाले काम को न तो तारीफ ही मिलेगी और न ही उप संपादक के काम को सराहा ही जाएगा।

सबसे पहले तो हमें सिर्फ यही समझना होगा कि संपादन होता क्या है? संपादन किया कैसे जाता है। काम शुरू ही तब होता है जब रिपोर्ट, समाचार, लेख या अग्रलेख डेस्क पर पहुंचते हैं। इन सबकी समीक्षा की जाती है, सत्यता परखी जाती है। जब यही समाचार लेख या रिपोर्ट छपने लायक हो जाते हैं तो संपादन का काम समाप्त हो जाता है। संपादन कला के जरिए ही तो अखबार में छपने वाले समाचारों, खबरों और लेखों को आकार प्रदान करना होता है। सजाना और संवारना ही संपादन कहलाता है। यह भी एक कला होती है और जो लोग इस कला में माहिर हो जाते हैं, उनकी बहुत पूछ होती है। वैसे काम करते-करते इस कला में पारंगत हुआ जा सकता है।

सिर्फ रिपोर्टरों या संवाददाताओं द्वारा लिखी गई खबरों को ही डेस्क पर तैयार नहीं किया जाता। समाचार एजेंसियों की प्रमुख खबरों को भी डेस्क पर ही तैयार किया जाता है। साथ ही अन्य सूत्रों से मिली खबरों का पोस्टमार्टम भी तो डेस्क पर ही होता है।

यही नहीं, कभी-कभी जब अखबारों में विज्ञापन बहुतायत में होता है, तब यह करना बहुत मुश्किल हो जाता है कि कैसे खबरों को कम किया जाए या हटाया जाए। इन्हीं मौकों पर तो मुख्य उपसंपादक या सहायक संपादक या समाचार संपादकों का अनुभव काम आता है और अखबार को बेहतर आकार प्रदान किया जाता है। यह हिस्सा भी तो संपादन कला को ही तो समर्पित होता है।

दरअसल, संपादन कहते ही उसे हैं, जिससे लूज आइटम या न्यूज स्टोरी को बेहतर आकार मिल जाए। उसकी भाषा ठीक कर दी जाए। अच्छे शीर्षक लगा दिए जाएं ताकि वह पठनीय बन जाए साथ ही देखने लायक भी हो जाए।

किसी भी समाचारपत्र में एक न्यूज डेस्क होती है, जिसमें पहले, दूसरे और तीसरे पेज की खबरें तैयार करवाई जाती हैं। उसके बाद

स्पोर्ट्स डेस्क अलग होती है, जहां पर खेल की खबरों का पोस्ट मार्टम होता है। फिर फाइनेंस डेस्क का नंबर आता है। इस डेस्क में अर्थ-वित्त-बाजार-कारोबार से जुड़ी सामग्रियों का संपादन होता है। लोकल डेस्क उस डेस्क को कहते हैं जहां पर स्थानीय खबरों से जुड़े पेज तैयार करवाए जाते हैं। डाक डेस्क पर आसपास के जिलों की खबरों के संपादन और पेज आदि बनवाने की जिम्मेवारी होती है। इसी तरह फीचर से संबंधित सारा काम किया जाता है। करवाया जाता है।

फिर नंबर आता है डेस्क मैनेजमेंट का। डेस्क का मुखिया मुख्य उप संपादक को ही बनाया जाता है। साथ में एक वरिष्ठ उप संपादक और चार-पांच उप संपादकों की टोली भी उन्हीं के अंडर में काम कर रहे होते हैं। इस तरह से कई डेस्कों का गठन कर लिया जाता है। समाचारों को अंतिम रूप समाचार संपादक ही प्रदान करता है।

न्यूज डेस्क सामान्यत: तीन शिफ्टों में काम करती है। प्रात:कालीन, मिड डे शिफ्ट और नाइट शिफ्ट। शुरू की दो शिफ्टों में तो काम का प्रेशर कम ही होता है। नाइट शिफ्ट जरूर प्रेशर में होती है। काम इसी शिफ्ट में ज्यादा होता है, लिहाजा रात्रिकालीन शिफ्ट से जुड़े अफसरों को बेहतर संपादन वाली टीम की ही दरकार होती है ताकि अगले दिन का समाचारपत्र अच्छा दिखे और उसमें खबरें भी बढ़िया लगी हों।

सामान्यतया एक समाचार में, पांच बिंदुओं का विशेष ध्यान रखा जाता है। ये पांच बिंदु हैं—समयबद्धता, नाम सही जाएं, उस खबर का समाज पर क्या असर होगा और उसमें मनुष्यों की रुचि कितनी है या पाठक कितनी रुचि लेते हैं उस खबर में। इन्हीं सब तथ्यों का विशेष ध्यान रखा जाता है किसी समाचार को लिखते समय। वैसे होना यह चाहिए कि जब हम कोई समाचार लिखें या उसे संपादित करें तो इस बात का विशेष ख्याल रखें कि उस समाचार की रुचि ज्यादा से ज्यादा लोगों की हो। इस संदर्भ में हम अपराध की खबरों, टीवी, फिल्मों की खबरें एवं क्रिकेट से संबंधित खबरों में लोग जरूरत से ज्यादा रुचि दिखाते हैं। हिंदी में अपराध की खबरों को ज्यादा स्पष्ट दिया जाता है, जबकि अंग्रेजी के समाचारपत्रों में स्पोर्ट्स की खबरों का ज्यादा ध्यान दिया जाता है। तभी तो हिंदी के अखबार एक या डेढ़ पेज में ही खेल को समेट देते हैं, जबकि अंग्रेजी में ठीक इसके विपरीत काम होता है।

वहां स्पोर्ट्स पर तीन या चार पेज तो आसानी से निकल जाते हैं और वे पेज देखने में भी बहुत सुंदर होते हैं। हिंदी में यह सुविधा न के बराबर है, जबकि हिंदी का एक बड़ा पाठक वर्ग स्पोर्ट्स में रुचि रखता है। फिर भी मानसिक भूख को शांत नहीं ही किया जाता है।

असली सवाल यह उठता है कि कॉपी (रिपोर्ट आदि) का संपादन किया कैसे जाए? इसके लिए पहला सिद्धांत यह है कि पहले हम उस कॉपी को गंभीरता पूर्वक पढ़ लें। यदि समझ में आ रही हो तो उसका संपादन शुरू किया जा सकता है। हां, रिपोर्ट में दर्ज नाम, स्थान, संख्या आदि को कई बार चेक कर लेना चाहिए, वरना यही वो वजह बनती है, जिससे समाचारपत्र का मजाक बन जाता है।

हमें संपादन करते समय कॉमा, फुलस्टॉप, भाषा, गूढ़ शब्दों, व्याकरण आदि का पूरा ध्यान रखते हुए ढंग से खबर का संपादन करना चाहिए ताकि खबर रुचिकर लगे और सरल भी। मतलब साफ है कि किसी भी वर्ग का पाठक उस खबर को पढ़ने में कहीं अटके नहीं, बस। फ्लो होना चाहिए खबर में।

समाचार की संरचना में हमें इंट्रो पर विशेष ध्यान देना चाहिए। इंट्रो ही किसी समाचार का सार होता है और इंट्रो पढ़कर ही समझ में आ जाता है कि समाचार में अंदर क्या होगा। ऐसे में हमें इंट्रो को बहुत ही बढ़िया ढंग से लिखना चाहिए। सजाना चाहिए ताकि पाठकों को समझ में आ जाए कि क्या खबर है। हां, इंट्रो लिखने के बाद उसके आगे खबर को उसके महत्त्व के आधार पर विस्तार देना चाहिए।

यही नहीं, जिस खबर का संपादन किया जाए, उसमें जगह-जगह पैरे भी बना देना चाहिए, ताकि समाचार की पठनीयता बनी रह सके। साथ ही उस खबर की हेडिंग बनाते समय भी काफी ध्यान देना चाहिए, क्योंकि हेडिंग या शीर्षक ही तो किसी समाचार को पढ़ने के लिए मजबूर करते हैं। लिहाजा हमें इस विषय को गंभीरता से लेनी चाहिए और हेडिंग पर पर्याप्त मेहनत होनी चाहिए ताकि उस समाचार का हेडिंग अच्छा बन सके।

कभी-कभी तो कोई कॉपी बहुत ही घटिया तरीके से लिखी होती है। वह उप संपादकों के ही समझ में नहीं आती है। ऐसे में सीधा-सा फार्मूला संपादन का यही होता है कि उस खबर या समाचार को समझने

के बाद फिर से दोबारा लिख (रिराइट) देना चाहिए। अखबार के दफ्तरों में नित्यप्रति तमाम खबरों को दोबारा लिखा ही जाता है। शुरू में यह काम बकवास भरा दिखता है, पर बाद में धीरे-धीरे इसमें भी मजा आने लगता है।

संपादन करते समय कुछ बातों का और भी ध्यान रखा जाता है। ये चिह्न ही तो संपादन को और अधिक दमदार बना देते हैं। जैसे–

L नया पैरा यहां से शुरू करें

L इसे पैराग्राफ में बदलें

Q यहां से पैरा समाप्त करें

आज सात तारीख है आज चांद निकलेगा — रन ऑन

वहां

आजकल क्या चल रहा है — एक शब्द जोड़ें वहां

d

वह सेमिनार वहां मद्रास में होगी — वहां को हटा दें

10

इस समय वहां दस बजे हैं — अंकों में बदल दें

वहां जाना ठीक नहीं रहेगा — डैश लगा दें

((पंक्तियों के बीच की जगह कम करें — पंक्तियों के पैरा मिलाएं

? क्वेश्चन मार्क लगाएं

रिक्त स्थान कम करें

[/] कोष्ठक लगाएं

[नया पैरा बनाएं

See copy मैटर छूटा हुआ है। कॉपी देखें।

,	कॉमा लगाएं
।	फुल स्टॉप लगाएं
(/)	छोटे कोष्ठक लगाएं
=|	लाइन सीधी करें
–	हाइफन लगाएं
d|	निकाल दें
#|	जगह छोड़ें
⁀|	जगह जोड़ें
क या क|	बड़ा अक्षर करें
पपैरा	प को हटा दें
काम के बदले	– शब्द को वहां हटाएं
वामा वामा|	– कटे नाम को फिर से कंपोज करें
ʼ	– एपास्ट्राफी लगाएं
(?)	– गलतियां हैं। संवाददाता से पूछी जाएं।

कुल मिलाकर तो यही कहा जा सकता है कि ऊपर लिखे गए फॉर्मूले के आधार पर यदि संपादन किया जाए, तो संपादन जैसे नीरस काम में भी मजा आने लगेगा। यह तय है। हालांकि यह सब कंप्यूटर में काम करते समय नहीं ही हो सकता है क्योंकि ये काम कागज पर ही संभव है।

●●●

5

संपादकीय पृष्ठ

प्रत्येक समाचारपत्र में एक संपादकीय पृष्ठ प्रकाशित होता है। यह मुख्यत: बाईं तरफ ही छपता है। कहीं यह पेज नंबर चार पर होता है तो कहीं पेज नंबर छह या आठ पर। लेकिन यह होता बाईं तरफ ही है। यह एक पारंपरिक पृष्ठ होता है, जिसे सबसे कम पढ़ा जाता है, पर यह पृष्ठ ही यह बताने में सक्षम होता है कि उस समाचारपत्र की पॉलिसी (नीति) क्या है? हालांकि इस पृष्ठ का असर ज्यादा होता नहीं है, फिर भी बिना इस पृष्ठ के कोई भी अखबार नहीं निकलता है।

पिछले सालों में एक सर्वेक्षण करवाया गया था। उस सर्वेक्षण में यह तथ्य उभर कर आया था कि संपादकीय पृष्ठ पढ़नेवालों की संख्या बहुत ही कम है इस देश में। तकरीबन या मात्र आठ प्रतिशत पाठक ही नियमित रूप से पढ़ते हैं संपादकीय पृष्ठ को। यह एक ऐसा आंकड़ा है जो यह बताने में सक्षम है कि यह पृष्ठ कितना अरुचिकर होता है। हालांकि इधर कुछेक सालों में हिन्दी के तीन समाचारपत्रों–दैनिक भास्कर, नवभारत टाइम्स और अमर उजाला ने अपने संपादकीय पृष्ठों ने भयंकर बदलाव किए हैं। अमर उजाला और नवभारत टाइम्स ने तो हर दिन इस पृष्ठ पर एक व्यंग्य को प्रकाशित करना शुरू किया है। ऐसा इसलिए किया गया है ताकि पेज थोड़ा रुचिकर हो सके।

यही नहीं, दैनिक भास्कर और नवभारत टाइम्स तो समय-समय पर किसी ज्वलंत विषय पर बहस भी करवाते हैं। बहस उस ज्वलंत विषय के पक्ष में होती है और विपक्ष में भी। इस बहस का भी पत्र के पाठक वर्ग पर अच्छा असर पड़ रहा है। साथ ही धर्म और अध्यात्म के लेखों का भी बहुतायत में छपना इस बात की ओर इशारा करता है कि अब

अखबारों के मालिकों का दिमाग इस पेज को सुधारने की दिशा में काफी सक्रिय भी हो गया है और वे उनमें कुछ बदलाव चाहने लगे हैं।

संभवत: संपादकीय पृष्ठ समाचारपत्र का वह पृष्ठ होता है, जो सबसे अंत में पढ़ा जाता है। औसत समाचारपत्र में इस महत्त्वपूर्ण पृष्ठ का स्थान पाठकों की रुचि के अनुसार अंतिम होता है। यह खेदजनक बात है, किंतु ऐसा क्यों होता है, इसका पर्याप्त कारण भी है। संपादकीय पृष्ठ में जो कुछ भी सामग्री होती है वह औसत पाठक के दृष्टिकोण से नहीं तैयार की जाती। औसत पाठक अपेक्षा भी नहीं करता। यदि ऐसा होता तो औसत पाठक संपादकीय पृष्ठ में, जो कि विचारों का भंडार होता है, अधिक रुचि लेता। संपादक इस तथ्य को भली भांति जानते हैं, अत: वे अपने लेख इस तरह लिखते हैं कि जन-मत के निर्माताओं और उन व्यक्तियों को प्रभावित कर सकें जो कि नीति के संदर्भ में वास्तविक अर्थों में महत्त्वपूर्ण होते हैं और नीति का निर्माण और कार्यान्वयन करते हैं। उनका जो आग्रह होता है वह प्रभावशाली पाठकों, समाज के महत्त्वपूर्ण व्यक्तियों-जैसे बड़े व्यापारियों, उद्योगपतियों और व्यावसायिकों, डॉक्टरों, वकीलों और शिक्षकों तथा उन व्यक्तियों के प्रति होता है जो सामाजिक तथा नागरिक गतिविधियों में अग्रणी होते हैं। इस प्रकार प्रभावशील पाठकों का ध्यान आकर्षित कर संपादकीय पृष्ठ अपने पाठकों के अतिरिक्त अन्य व्यक्तियों पर भी प्रभाव डालता है और सामान्य पाठक उसे न पढ़े तो भी उसका प्रभाव कम नहीं होता। इस प्रकार संपादकीय पृष्ठ लोक सेवापरक पत्रकारिता का एक प्रधान माध्यम बन जाता है।

संपादकीय पृष्ठ में सामान्यत: दो या तीन विशेष लेख, संपादक को लिखे गए पत्र, एक हस्ताक्षरित स्तंभ और संपादकीय लेख होते हैं। यह विचारों का पृष्ठ होता है अर्थात् ऐसा पृष्ठ होता है कि जिसमें तात्कालिक रुचि के विभिन्न विचार प्रकाशित होते हैं। वह एक सार्वजनिक मंच जैसा होता है जहां ऐसे किसी भी पाठक को अपने विचार प्रकट करने का अवसर दिया जाता है जो कुछ कहना चाहता है। यदि कोई समाचारपत्र अपने विचारों को छोड़ दूसरे किसी व्यक्ति के विचारों को स्थान न दे तो उसे संकीर्ण मनोवृत्ति वाला समाचारपत्र कहा जाएगा।

समाचारपत्र में सभी प्रकार के मतों को स्थान दिया जाता है, भले ही कोई मत उस समाचारपत्र की नीति के विरुद्ध हो। जनता लोकतंत्र की निर्मात्री होती है, अत: उसके समक्ष सभी प्रकार के विचारों को विशद् रूप में प्रस्तुत किया जाना चाहिए। अंतत: विचारों के संघर्ष से ही सत्य का प्रादुर्भाव होता है।

तात्कालिक विषयों पर प्रख्यात लेखकों से लेख मंगाए जा सकते हैं या समाचारपत्र के कार्यालय में विशेष रूप से नियुक्त लेखक भी ऐसे लेख लिख सकते हैं। वे समकालीन घटना का विश्लेषण कर सकते हैं और उनके महत्त्व का समन्वेषण कर सकते हैं। उदाहरणार्थ जब उच्चतम न्यायालय ने राजाओं के प्रिवी पर्स के मामले पर अपना निर्णय सुनाया तो विभिन्न समाचारपत्रों ने इस निर्णय के कानूनी और संवैधानिक उलझनों वाले पक्ष पर लेख प्रकाशित किए। विशेष लेखों में स्थानीय मछली बाजार से लेकर मध्यावधि निर्वाचन के राष्ट्रीय प्रश्न तक और वियतनाम में क्रिसमस शांति से लेकर संयुक्त राष्ट्र संघ के जेनेवा में होने वाले अगले अधिवेशन तक के किसी भी विषय पर प्रकाश डाला जा सकता है। ये लेख विचारों की अभिव्यक्ति और समकालीन घटनाओं में निहित गंभीर अर्थ की व्याख्या करने का प्रयास करते हैं।

संपादक के नाम लिखे गए पत्र संपादकीय पृष्ठ के महत्त्वपूर्ण भाग होते हैं। पत्र लेखक अत्यंत साधारण विषय से लेकर अतिशय गंभीर विषय पर भी लिख सकता है। वह अपने पत्र में बता सकता है कि बसों की समय सारणी किस प्रकार असुविधाजनक है या उपनिषदों पर स्वामी रंगनाथानंद का भाषण कितना महत्त्वपूर्ण है। संपादक को भेजे जाने वाले पत्रों की संख्या और उसमें चर्चित विषयों की विविधता यह दर्शाती है कि पाठक उस समाचारपत्र में प्रकाशित सामग्री को कितनी गंभीरता से पढ़ते हैं और उनसे इस बात का भी पता चलता है कि समाचारपत्र समाज के कल्याण के लिए क्या-क्या प्रयास कर रहा है। किसी भी समाचारपत्र के लिए यह संभव नहीं है कि उसके कार्यालय में जितने भी पत्र आएं उन सभी को प्रकाशित किया जाए। कुछ पत्र तो ऐसे होते हैं जो कानून पर आघात करते हैं, अत: उन्हें प्रकाशित नहीं किया जा सकता; कुछ पत्र ऐसे होते हैं जिनमें लेखक को कोई विशेष बात नहीं कहनी होती। उन पत्रों में से भी जो प्रकाशन के योग्य हों,

कुछ अच्छे पत्रों को ही चुना जा सकता है क्योंकि समाचारपत्र में स्थान सीमित होता है। यही कारण है कि कतिपय समाचारपत्र कुछ पत्र तो पूर्णत: प्रकाशित करते हैं और कुछ पत्रों का केवल सारांश ही पकाशित करते हैं।

जो पत्र संक्षिप्त होते हैं और अच्छे ढंग से लिखे गए होते हैं, उनके प्रकाश की गुंजाइश अधिक रहती है। जो पत्र लंबे-चौड़े और तर्क-वितर्क से भरे होते हैं, उनके प्रकाशन की गुंजाइश अपेक्षाकृत कम रहती है। कभी-कभी पत्र में कोई परिवेदना या शिकायत भी होती है। कभी-कभी उसमें किसी अधिकारी द्वारा किए गये किसी कार्य या अभिव्यक्त किए गए किसी विचार की प्रशंसा या आलोचना भी होती है। ऐसा भी हो सकता है कि उसमें उसी समाचारपत्र में प्रकाशित किसी समाचार या विचार की सराहना या कटु आलोचना की गई हो। प्रकाशित पत्रों को जब उनके लेखों और उनमें कही गई बातों के संदर्भ में देखा जाता है तो स्पष्ट हो जाता है कि समाचारपत्र पाठकों को कितना और किस हद तक आकर्षित करता है और उसकी अभिरुचि को जागृत करता है। इसलिए पत्र-खंड पर गंभीरतापूर्वक ध्यान दिया जाना चाहिए।

बहुधा कुछ ऐसे अर्थ-व्यवसायी किस्म के पत्र-लेखक भी होते हैं, जो अपना नाम प्रकाशित देखकर संतोष का अनुभव करते हैं। ऐसे पत्र-लेखक बहुधा परिश्रमी होते हैं और अपने पत्रों में कोई-न-कोई विचारणीय विषय प्रस्तुत करते हैं किन्तु उन्हें पत्रों के स्तंभ पर एकाधिकार करने नहीं दिया जा सकता। कभी-कभी ऐसा होता है कि समाचारपत्र कार्यालय में जो पत्र आते हैं वे अच्छे ढंग से लिखे नहीं गए होते और यदाकदा दुरूह भी होते हैं। ऐसे पत्रों को फिर से लिखना पड़ता है और साथ ही इस बात का भी ध्यान रखना पड़ता है कि उनके आशय में अंतर न आए। कुछ समाचारपत्र, विशेषत: छोटे समाचारपत्र, किसी मनोरंजक या विवादास्पद विषय पर अपने कार्यालय में ही पत्र लिखवा सकते हैं। ऐसे पत्रों को पढ़कर पाठक अपने विचार और अपनी प्रतिक्रियाएं लिखकर भेजते हैं। पत्र-लेखकों को आकर्षित करने के लिए कुछ समाचारपत्र प्रतिदिन उत्तम पत्र पर पुरस्कार भी घोषित करते हैं। यह तथ्य इस बात का सूचक है कि संपादक अपने समाचारपत्र के पत्र-स्तंभ को कितना महत्त्व देते हैं। यह स्तंभ इस बात का सूचक होता

है कि समाचारपत्र अपने पाठकों को किस हद तक प्रभावित करता है और जनहित के विषयों पर समाचारपत्र की पहल के प्रति पाठक कितने उत्साही होते हैं।

कुछ समाचारपत्रों के पास स्थानीय समीक्षक होते हैं जो संपादकीय पृष्ठ पर हस्ताक्षरित स्तंभ लिखते हैं। संपादकीय-लेखकों की अपेक्षा स्तंभ लेखकों को टीका-टिप्पणी की अधिक स्वतंत्रता होती है, अत: स्तंभ-लेखकों द्वारा दी गयी सामग्री संपादकीय सामग्री की अनुपूर्ति भी कर देती है और परिवर्धन भी। यह सत्य है कि जो व्यक्ति हस्ताक्षरित स्तंभ लिखते हैं वे केवल अपनी ही बात कहते हैं और इस प्रकार उनके विचार समाचारपत्र की नीति से भिन्न हो सकते हैं। किन्तु यदि स्तंभ पूर्णत: और सदैव समाचारपत्र की नीति से विभिन्न हो तो उस स्तंभ का प्रकाशन बंद कर देना पड़ता है।

कभी-कभी स्तंभ लेखकों की कोई सिण्डिकेट होती है या कभी-कभी स्तंभ लेखक केवल स्थानीय समाचारपत्रों के लिए ही लिखते हैं। कुछ स्तंभ लेखक समझदार होते हैं और सोच-समझकर लिखते हैं। कुछ स्तंभ लेखकों को इस बात का अहं होता है कि वे जनमत को प्रभावित कर सकते हैं, ऐसे विचार दुराग्रहपूर्ण होते हैं। वाल्टर लिपमैन संयुक्त राज्य अमेरिका के एक विख्यात स्तंभ-लेखक हैं जो समाचार का विशुद्धिकरण करते हैं और बहुधा राष्ट्रीय तथा अंतरराष्ट्रीय विषयों के प्रति सार्वजनिक भावना को स्पष्ट करते हैं। ऐसे स्तंभ-लेखक जन-साधारण की मन:स्थिति का विवेचन करते हैं और ऐसे निर्वचनों के संदर्भ में अपनी नीतियों के समायोजन के कार्य में शासन की सहायता करते हैं। अमेरिका में प्रचलित वाल्टर लिपमैन परंपरा का पालन विश्व के अन्य देशों में भी किया जा रहा है। भारत में स्वतंत्र स्तंभ-लेखकों का धीरे-धीरे विकास हो रहा है।

अब हम संपादकीय लेखों पर चर्चा करेंगे। कुछ समाचारपत्रों में दो या तीन संपादकीय लेख होते हैं जो दो स्तंभों में चलते हैं और एक स्तंभ टिप्पणियों का होता है। कभी-कभी उनका मुद्रयोजन कुछ बड़े (दस पाइंट) टाइपों का उपयोग करते हुए दो स्तंभों में किया जाता है। अन्य टाइपों का विन्यास किंचित भिन्न ढंग से किया जाता है। संपादकीय लेख समाचारपत्र की अभिरुचि और स्वरूप के परिचायक होते हैं। बड़े

समाचारपत्रों में संपादकीय पृष्ठ के लिए अनेक व्यक्ति होते हैं। वे एक बैठक में तय करते हैं कि संपादकीय टिप्पणियों के लिए कौन-सा विषय लिया जाए और कौन-सा रुख अपनाया जाए और फिर अलग-अलग लेखकों को अलग-अलग विषय दे दिए जाते हैं। लेखक की व्यक्तिगत शैली पर संपादक के व्यक्तित्व का प्रभाव पड़ सकता है। छोटे समाचारपत्र में संपादक ही संपादकीय लेख लिखता है। किन्तु मध्यम समाचारपत्रों में एक या दो सहायक संपादक होते हैं जो अग्रलेख लिखते हैं।

अनुभवी संपादक तथा संपादकीय लेख के लेखक विषयों का चयन सहज ही कर लेते हैं। किन्तु इसके लिए प्रशिक्षण की भी आवश्यकता होती है। कभी-कभी संपादकीय लेखों के जिज्ञासु पाठक भी अचंभे में पड़ जाते हैं कि समाचारपत्र अपने दैनिक संपादकीय लेखों के लिए विषय का चयन कैसे करते हैं। एक बार जनसंपर्क के संबंध में उप-पुलिस महानिरीक्षकों के एक सम्मेलन को संबोधित किया जा रहा था। वहां यही प्रश्न पूछा गया था। संपादक और अग्रलेख के लेखकों को ऐसा विषय चुनना पड़ता है जो उस समय महत्त्वपूर्ण और रुचिकर होता है और जिस पर पाठक संपादकीय लेख की आशा करते हैं। सामान्यत: संपादकीय बैठक में बाहरी व्यक्ति को सम्मिलित नहीं होने दिया जाता। कुछ वर्ष पूर्व जब मैं संयुक्त राज्य अमेरिका में था तो मुझे एक समाचारपत्र की संपादकीय बैठक में सम्मिलित होने की अनुमति मिल गई थी। उसमें कुछ सुझाव दिए गए। एक सदस्य ने कहा कि हमें विमानों के अपहरण से सुरक्षा के लिए विमान चालकों को हथियार बंद करने की मांग पर कुछ लिखना चाहिए। इस पर अच्छी खासी चर्चा हुई और इस संबंध में सभी इस निष्कर्ष पर तो पहुंचे कि सुरक्षा व्यवस्था कड़ी की जानी चाहिए किन्तु उनका मत था कि विमान चालकों को हथियार बंद करने का इलाज तो मर्ज से भी अधिक बुरा है। यह बात तय हो गई और व्यक्ति को उस विषय पर लेख लिखने का दायित्व सौंपा गया। दूसरे दिन प्रात: मैंने उस समाचारपत्र में वह संक्षिप्त और सुंदर लेख पढ़ा।

संपादकीय लेख संपादकीय पृष्ठ का हृदय होता है। ब्रिटेन में विक्टोरिया कालीन पत्रकारिता में संपादकीय लेखों को अत्यधिक महत्त्व दिया जाता था। कुछ व्यक्तियों का मत है कि "समाचारपत्रों का महत्त्व आपके विचारों को प्रसारित करने में निहित होता है और किसी भाषण पर भेजा गया एक अच्छा संवाद 10,000 संपादकीय लेखों से कहीं

अच्छा होता है।" यह कथन ब्रिटिश प्रधानमंत्री डिजरायली का बताया जाता है। किन्तु उनके अपने ब्रिटेन के किसी समाचारपत्र में प्रकाशित कुछ पंक्तियां मंत्रिमंडल को गंभीरतापूर्वक विचार-विमर्श करने के लिए बाध्य कर देती हैं। एक पुरानी कहावत है कि "एक अच्छी टिप्पणी दस जानकारियों के बराबर होती है।" एक बार भारत-पाक युद्ध के दौरान एक अफवाह फैली थी कि भारत की राजधानी दिल्ली से हटायी जा रही है। इस पर एक समाचारपत्र में एक संपादकीय लेख प्रकाशित हुआ जिसका शीर्षक था, "शेक हिम बिफोर लंच"। अर्थात जिस व्यक्ति ने यह प्रस्ताव रखा था, उसे तत्काल पद से हटाया जाए। यह तो मालूम नहीं हो सका कि उस व्यक्ति को पद से हटाया गया कि नहीं किन्तु वह प्रस्ताव दुबारा नहीं सुना गया।

संपादकीय लेख प्रचलित समाचार का निर्वचन होता है। प्रभावोत्पादक होने के लिए उसे सामयिक, संक्षिप्त और मनोरंजक होना चाहिए। प्रत्येक समाचारपत्र उसी प्रकार के संपादकीय लेख प्रकाशित करता है जिस श्रेणी के उसके पाठक हों। किन्तु इन सभी प्रकार के समाचारपत्रों के संपादकीय लेखों में एक सामान्य विशेषता यह होती है कि वे शिष्ट भाषा में लिखे जाते हैं और उनका स्वर संयत होता है तथा उनमें व्यक्तिगत आलोचना नहीं होती। संपादकीय लेख लिखते समय बुराई को बुराई करने वाले व्यक्ति से अलग कर देना होता है और कठोर भाषा के प्रयोग से बचना होता है। सख्त से सख्त विचार भी संयत भाषा में अभिव्यक्त किए जाते हैं। संपादकीय लेख की भाषा सरल होनी चाहिए। संपादकीय लेख के लेखक को अपने ज्ञान का प्रदर्शन नहीं करना चाहिए, उसे सीधे-सादे और आकर्षक ढंग से लिखना चाहिए जिससे पाठक यह समझ सकें कि वह कहना क्या चाहता है। आपके विचार कितने ही उग्र क्यों न हों, आपकी भाषा संयत होनी चाहिए।

संपादकीय लेख के लेखक को अनेक विषयों का ज्ञान होना चाहिए। बड़े समाचारपत्र ऐसे लेखक नियुक्त कर सकते हैं जिन्हें वित्त, विदेश नीति, घर-गृहस्थी और स्वास्थ्य संबंधी विषयों का विशेष ज्ञान हो किन्तु छोटे समाचारपत्र ऐसा नहीं करते। तथापि दिनों-दिन यह आवश्यक होता जा रहा है कि समाचारपत्रों में नियुक्त एक या दो व्यक्ति अधिक से अधिक विषयों पर आकर्षक संपादकीय लेख लिख सकें। केवल

किसी एक विषय का विशेषज्ञ आज के युग में सफल नहीं हो सकता। लेख लिखते समय उसे इस बात का ध्यान रखना चाहिए कि विषय के दो पहलू होते हैं। उसे इस बात को भी नहीं भुलाना चाहिए कि जिस विषय को वह अपने पाठकों के समक्ष अपने ढंग से प्रस्तुत कर रहा है, वह विषय दूसरे ढंग से भी प्रस्तुत किया जा सकता है।

संपादकीय लेख के लेखक को युग के सामाजिक तथा राजनीतिक इतिहास का अच्छा ज्ञान होना चाहिए। विश्व के, कम से कम बीसवीं सदी के, इतिहास का ज्ञान बहुत आवश्यक है। विभिन्न देशों की राजनीति भी एक महत्त्वपूर्ण विषय है। कोई भी नौसिखिया इस दिशा में प्रयत्न कर सकता है, किन्तु इस पहलू पर कोई भी अच्छा लेख लिखने के लिए वर्षों का अनुभव, अध्ययन और अवलोकन आवश्यक होता है। पाठक प्रतिदिन महत्त्वपूर्ण संपादकीय लेखों की अपेक्षा नहीं कर सकते। वे गुजरती हुई घटना पर सरसरी व्याख्या चाहते हैं। संपादकीय लेख उनके समाचारपत्र वाले मित्र की आवाज होती है। युवा संपादकीय लेखक को यह बात समझनी चाहिए कि प्रत्येक ऐसा विषय जिस पर टिप्पणी की आवश्यकता होती है, आवश्यक रूप से नीति का विषय नहीं होता। उसे हर बात को विवाद का विषय नहीं बना देना चाहिए। वास्तव में यह अच्छा होगा कि नीति विषयक बातें कम-से-कम कही जाएं और केवल सुस्पष्ट विषयों पर ही कही जाएं। जो समाचारपत्र प्रत्येक विषय को विवाद का विषय बना देता है, वह अनावश्यक उलझनों में फंस जाता है।

संपादकीय लेख के पारंपरिक रूप में तीन खंड होते हैं—समस्या का कथन, उसका विश्लेषण और फिर उस पर टिप्पणी। सूचनात्मक या निर्वचनात्मक संपादकीय लेख, जिनकी संख्या किसी भी समाचारपत्र के संपादकीय लेखों में सबसे अधिक होती है, इसी प्रतिरूप के अनुसार होता है, किन्तु आलोचनात्मक संपादकीय लेखों की लेखन शैली भिन्न होती है। वास्तव में संपादकीय लेखों में पारंपरिक प्रतिरूप से भिन्नता भी देखी जाती है।

विवादास्पद लेखन मनोरंजक होता है किन्तु यदि उससे कोई प्रभाव उत्पन्न करना अभिप्रेत हो तो वह विश्वसनीय होना चाहिए। इस प्रकार के लेख पाठकों का ध्यान शीघ्र आकर्षित कर लेते हैं। उनमें अपने

दृष्टिकोण की पुष्टि के लिए तर्कशास्त्रीय ढंग से सबल युक्तियां पाठकों को विश्वास दिलाने के लिए प्रस्तुत की जाती हैं। संपादकीय लेख के लेखक को यह समझ लेना चाहिए कि प्रतिवाद में किन युक्तियों को प्रयोग में लाया जाएगा, अत: उन्हें पहले से ही उठाकर उनका उत्तर भी दे देना चाहिए। यदि हम चाहें कि संपादकीय लेख प्रभावोत्पादक हो तो उसका निष्कर्ष स्पष्ट और युक्तिसंगत होना चाहिए। सर्वाधिक विश्वसनीय संपादकीय लेख उत्तेजनाहीन और तर्कसंगत होते हैं और उसकी भाषा संयत होती है। लेख ऐसा होना चाहिए कि पहली दो या तीन पंक्तियों में ही वह पाठक का ध्यान आकर्षित कर ले। बहुधा कोई आकर्षक शीर्षक देना लाभकर होता है।

विभिन्न समाचारपत्रों के संपादकीय पृष्ठों का विन्यास भिन्न-भिन्न होता है। वस्तुत: दो समाचारपत्रों के बीच जो भिन्नता होती है, वह संपादकीय पृष्ठ में जितनी स्पष्ट दिखाई देती है उतनी अन्यत्र नहीं दिखाई देती। अलग-अलग संपादकों की मौज भी अपना काम करती है। मैं जिस समाचारपत्र में सहायक संपादक के रूप में कार्य कर रहा था उसके एक उप संपादक ने एक बार जब एक संपादकीय टिप्पणी संपादक के अनुमोदन के लिए भेजी तो संपादक ने उसे यह लिखकर लौटा दिया, "कार्यालय की लेखन सामग्री बर्बाद न की जाए।" एक उप संपादक, जिसने किसी साहित्यिक विषय पर कोई छोटा-सा पैराग्राफ लिखा था, उस समय खुशी से नाच उठा जब संपादक ने उसे प्रकाशन के लिए स्वीकार कर लिया, और उसकी खुशी में हमने उस रात को जश्न मनाया। इसी से यह प्रकट होता है कि पत्रकार संपादकीय स्तंभों के पवित्र मंदिर में प्रवेश पाने को कितना महत्त्व देते हैं।

आजकल समाचारपत्र के कार्यालयों के संपादकीय लेखक-वर्ग के पास इतना समय और इतनी शक्ति नहीं होती कि वे अपने कर्मचारियों को प्रशिक्षित कर सकें। उनकी संख्या बढ़ाना आवश्यक है। संपादकीय लेख समाचारपत्र की आत्मा होता है और उससे उसके व्यक्तित्व की ओजस्विता प्रकट होती है। विशेषीकरण इतना बढ़ता जा रहा है कि किसी भी समाचारपत्र कार्यालय में सर्वांगीण ज्ञान से युक्त व्यक्ति अपना विशेष महत्त्व स्थापित कर सकता है। सर्वांगीण ज्ञान-सम्पन्न व्यक्ति का विशाल दृष्टिकोण समाज के लिए अत्यंत मूल्यवान होता है। वास्तव में

संपादकीय लेख का लेखक विशेषज्ञ के पांडित्य और जन साधारण के अज्ञान के बीच होता है और संपादकीय लेख के लेखक पर कितना दायित्व होता है, इसे सहज ही समझा जा सकता है।

कुछ समाचारपत्र कभी-कभी ऐसा संपादकीय लेख प्रकाशित करते हैं जिनका संबंध मानवीय अभिरुचि से होता है। अश्लीलता और नीरसता से बचते हुए शुद्ध परिहासपूर्ण शैली में लिखना अत्यंत कठिन कला है। भारतीय पत्रकारिता में इस प्रकार का लेखन बहुत कम दिखाई देता है। कुछ समाचारपत्र कभी-कभी इस दिशा में प्रयास करते हैं। यहां इस बात का भी उल्लेख किया जा सकता है कि कुछ समाचारपत्र कभी-कभी 'हास्य-व्यंग्य' के लेख लिखना गंभीर लेख लिखने से कहीं कठिन कार्य है, किन्तु जब कोई हास्य-व्यंग्य का लेख प्रकाशित होता है तो आकर्षण बढ़ जाता है।

कुछ व्यक्ति इस विचारधारा के भी होते हैं कि पाठक समाचार चाहते हैं, विचार नहीं और इसीलिए संपादकीय पृष्ठ का प्रभाव कम होता जा रहा है। कुछ समाचारपत्रों ने अतिवादी रवैया अपनाया और संपादकीय पृष्ठ को समाप्त कर दिया। एक समाचारपत्र ने, जिसने संपादकीय पृष्ठ समाप्त कर दिया था, उसे शीघ्र ही फिर से आरंभ कर दिया क्योंकि उसने यह अनुभव किया कि उसने "अपने व्यक्तित्व को कुछ डालरों के लिए बेच दिया था।" उसने यह भी अनुभव किया कि संपादकीय पृष्ठ एक नुक्कड़ जैसा होता है जहां हम अपने मित्र से मिलते हैं (या सड़क के किनारे बनी पान की दुकान जैसा होता है जहां यार-दोस्त इकट्ठे होकर गपशप करते हैं)। यह अनुभव किया गया है कि संपादकीय पृष्ठ समाचारपत्र की चेतना होता है। घटनाओं का अर्थ आज के युग में अधिकाधिक दुर्बोध होता जा रहा है। आंकड़ों की बाढ़ से, परस्पर विरोधी विचारों से लोग किंकर्तव्यविमूढ़ से हो गए हैं। संपादकीय लेख का लेखक ऐसी स्थिति में उनकी सहायता कर सकता है। आलोचना, टीका-टिप्पणी, विश्लेषण और विचार-अभिव्यक्ति के बिना समाचारपत्र समाचारों और विज्ञापनों का अंबार मात्र रह जाता है। संपादकीय पृष्ठ जन-मत का उच्चतम न्यायालय होता है। वह विचारों की अभिव्यक्ति का सार्वजनिक मंच जैसा होता है, और जैसा कि एक अमरीकी लेखक ने कहा, "संपादकीय पृष्ठ जन-सेवा का एक महान

माध्यम होता है।" संपादकीय पृष्ठविहीन समाचारपत्र बिना हड्डियों के विचित्र प्राणी जैसा होगा। संपादकीय जन-कल्याण का एक साधन होता है। संपादकीय लेख लोगों के विचारों को आलोकित करता है और अपने पाठकों को दुनिया की सभी बातों की जानकारी देता है और इस प्रकार वह ऐसा कार्य करता है जो अन्यथा नहीं किया जा सकता।

संपादकीय पृष्ठ एक ऐसी संस्था है और जिसका समय के साथ विकास, अनुकूलन और परिवर्तन होता है। भारतीय समाचारपत्रों में संपादकीय पृष्ठ के आधुनिकीकरण की दिशा में अभी बहुत-कुछ करना शेष है। इस दिशा में किए जाने वाले प्रयासों को सीमित करने वाला एक कारण यह है कि संपादक के पास गंभीर चिंतन-मनन पर अच्छा संपादकीय लेख लिखने के लिए बहुत कम समय होता है। उसके पास समान लेन-देन विषयक और कर्मचारियों के वेतन से संबंधित समस्याएं भी होती हैं और समाज में उसकी प्रतिष्ठा होने के कारण सामाजिक गतिविधियों में भी उसे अपना समय देना पड़ता है। वह प्रत्येक सामाजिक आंदोलन का अग्रणी होता है। वह जन-कल्याण के कितने ही कार्यों में व्यस्त रहता है।

संपादकीय पृष्ठ और संपादकीय लेखों का महत्त्व भारत में और भी अधिक है क्योंकि हमारे देश के औसत व्यक्ति की प्रवृत्ति यह होती है कि वह अपनी राय समाचारपत्र पढ़कर कायम करता है और समस्या के पक्ष-विपक्ष पर चर्चा कर निष्कर्ष निकालने का प्रयास करता है। कभी-कभी हम बस स्टैंड पर या रेलवे स्टेशन पर या हवाई अड्डे पर किसी विषय पर लोगों में हो रही बहस सुनते हैं। बहुधा ऐसे अवसर पर हम देखते हैं कि कोई व्यक्ति किसी समाचारपत्र में प्रकाशित संपादकीय लेख पर कुछ कह रहा होता है। चूंकि समाचारपत्र जन-मत के मोर्चे पर सबसे आगे होते हैं इसलिए उनके लिए यह आवश्यक होता है कि किसी विषय पर किसी अन्य के राय प्रकट करने के पहले वे स्वयं आगे बढ़कर उस पर अपनी राय प्रकट करें। जनता संपादकीय लेखों से ही अपने विचार ग्रहण करती है। यदि हम विधानसभा में हुई बहस का विश्लेषण करें तो हम यह देखेंगे कि बहस में बहुधा कोई सदस्य किसी-न-किसी समाचारपत्र के संपादकीय लेख का उल्लेख करता है, भले ही उसने वह लेख न पढ़ा हो। हमारे संपादकजी यह

बताया करते थे कि पुराने उत्तरप्रदेश के विधानसभा सदस्य उनके संपादकीय लेखों के विचारों और अभिव्यक्तियों का उपयोग किस हद तक किया करते थे।

इस स्थिति को देखते हुए दो बातें प्रमुखतः सामने आती हैं। एक तो यह कि संपादकीय लेखों को सामयिक होना चाहिए, यह बात पहले भी कही जा चुकी है। एक संपादक महोदय मुझसे कहा करते थे कि पाठक समाचारपत्र के प्रथम पृष्ठ पर प्रकाशित होने वाले समाचारों पर भी संपादकीय पृष्ठों में टिप्पणियां चाहते हैं। वे संध्या तक उपलब्ध विषयों पर संपादकीय लेख लिख लिया करते थे और भोजन के पश्चात् कार्यालय आते थे और सो जाते थे। यदि कोई महत्त्वपूर्ण घटना होती थी तो उप संपादक उन्हें जगा देते थे, वे झटपट प्रूफ डेस्क पर नजर डालते थे और यदि आवश्यक हुआ तो पुराने संपादकीय लेख के स्थान पर दूसरा संपादकीय लेख लिख डालते थे। इस प्रकार अपने प्रतिस्पर्धियों से एक दिन पहले टिप्पणियां लिखकर और प्रथम पृष्ठ पर समाचार प्रकाशित कर उन्होंने अपने समाचारपत्र का बहुत प्रसार किया।

दूसरी बात है संपादकीय लेखों के महत्त्वपूर्ण योगदान को दृष्टिगत रखते हुए संपादकीय लेखों में सुधार करने की। संपादकीय पृष्ठ पर काम करने वाले कर्मचारियों की संख्या बढ़ाई जानी चाहिए। उन्हें इस युग के जटिल विषयों की पर्याप्त जानकारी हासिल करने का अवसर प्राप्त होना चाहिए। उन्हें बंधी-बंधाई चहारदीवारी के बाहर आने दिया जाना चाहिए। पंडित जवाहरलाल नेहरू ने अनेक बार इस बात पर जोर दिया था कि समाचारपत्रों के संपादकीय लेखों के लेखकों को देश का भ्रमण करने का अवसर दिया जाना चाहिए। संपादकीय पृष्ठ पर लिखने वालों को दुनिया देखने का मौका मिलना चाहिए। संपादकीय पृष्ठ को युग के अनुकूल बनाने के लिए अच्छे व्यक्तियों, अच्छे अनुभव, अच्छे विचारों, अच्छे साहस और अच्छे ज्ञान की अत्यंत आवश्यकता होती है।

समाचारपत्र आयोग (प्रेस कमीशन) ने यह कहा है कि संपादकों की स्थिति और स्वतंत्रता में सामान्य रूप से गिरावट आई है। इस गिरावट का कारण पूर्णतः इस बात से संबंधित नहीं है कि समाचारपत्रों के स्वामित्व का स्वरूप क्या है। निश्चय ही अकेले सब कुछ करने वाले संपादकों की प्रशंसा की जाती है, परंतु समाचारपत्र के आकार और

आयतन और उसमें प्रकाशित होने वाली सामग्री की विविधता को देखते हुए आधुनिक समाचारपत्र के प्रकाशन का कार्य इतना जटिल हो गया है कि अकेले व्यक्ति के लिए यह संभव नहीं है कि वह उसमें प्रकाशित होने वाली प्रत्येक सामग्री पर ठीक-ठीक ध्यान दे सके। समाचारपत्र समाज के प्रति अपने कर्तव्य का निर्वाह भली भांति कर सकें इसके लिए यह आवश्यक है कि उसमें प्रयोजन की एकात्मकता हो और यह भी संभव है जब अंतिम उत्तरदायित्व किसी एक विशेष व्यक्ति पर हो और संपादक के नेतृत्व में उसके सहकर्मी पूरे सहयोग से कार्य करें। कर्मचारियों की नियुक्ति के संबंध में संपादक की राय को महत्त्व दिया जाना चाहिए और उसका उन पर प्रशासनिक नियंत्रण होना चाहिए। संपादक को भी इस योग्य होना चाहिए कि वह पत्रकारिता के क्षेत्र में अर्जित अपनी क्षमता और अनन्य निष्ठा के बल पर अपने कर्मचारियों के समक्ष आदर्श प्रस्तुत कर सके। उचित सीमाओं के भीतर संपादक की स्वतंत्रता की पुनः स्थापना आवश्यक है। संपादक को समाचारपत्रों के आर्थिक प्रबंध से संबंधित व्यक्तियों की अधीनता से मुक्त रखा जाना चाहिए। समाचारपत्र के स्वामियों को निश्चय ही यह बुनियादी अधिकार है कि वे अपने विचार अपने समाचारपत्र में अभिव्यक्त करें, किन्तु संपादकों को समाचारपत्र के स्वामियों का साहित्यिक एजेंट बनाकर रख देने से रोका जाना चाहिए। जब संपादकों का चयन किया जाता है और जब वे अपन कर्तव्य भार संभालते हैं तो उन्हें समाचारपत्र की सामान्य नीति बता और समझा दी जानी चाहिए। यदि ऐसा किया जाए तो संघर्ष के अवसर बहुत कम आएंगे।

समाचारपत्र आयोग का यह विचार है कि समाचारपत्रों का भविष्य संपादक की स्वतंत्रता पर निर्भर है। ऐसा संपादक, जो नीति सहिंता के नियमों का पालन नहीं करता, उतना ही हानिकर होता है जितना वह संपादक जो समाचारपत्र के स्वामियों का साहित्यिक एजेंट मात्र होता है। इस युग में, जबकि समाचारपत्र अधिकाधिक वाणिज्यिक रूप धारण करते जा रहे हैं, संपादक की स्वतंत्रता सुनिश्चित करना समाज के लिए कल्याणकारी है।

"प्रेस एंड पब्लिक ओपीनियन" पर बहुत समय पहले मुंबई में हुए एक परिसंवाद में एक संपादक ने आगंतुकों का स्वागत करते हुए कहा

था कि पत्रकारिता का भविष्य संपादकों की ईमानदारी, सन्निष्ठा तथा स्वाधीनता की भावना पर आधारित है।

जहां तक इन दिनों प्रकाशित हो रहे संपादकीय पृष्ठों की बात है, तो यह बात भी निकलकर आ रही है कि अब बड़े-बड़े अखबार संपादकीय पृष्ठों के ले-आउट पर भी विशेष ध्यान दे रहे हैं। कुछ कार्टून, ग्राफ एवं चित्र का तो सहरारा लिया ही जा रहा है। रेखा चित्रों को भी काफी महत्त्व मिल रहा है। इन सबका असर यह हुआ है कि संपादकीय पृष्ठ अब पहले से अधिक सुंदर भी दिखने लगे हैं। साथ ही पठनीय भी होते जा रहे हैं।

मसलन, इधर हाल ही में दिल्ली के प्रमुख समाचारपत्र नवभारत टाइम्स ने अपने संपादकीय पृष्ठ की साज-सज्जा नए सिरे से की है। साथ ही कुछ नीतियां भी बदली हैं। यही काम दैनिक भास्कर एवं अमर उजाला में भी हुआ है। यहां के पृष्ठों की दोबारा से डिजाइनिंग करवाई गई है। इसका असर भी पड़ा है। चूंकि इन अखबारों के संपादकीय पृष्ठों में एक व्यंग्य भी छपता है, लिहाजा पाठक वर्ग अब इस पृष्ठ को देखकर आकर्षित भी होने लगा है।

कहने का सार यह है कि समाचारपत्रों का जो पृष्ठ नीरस दिखता था अब थोड़ा-थोड़ा उसमें सुधार आता जा रहा है। यह पत्रकारिता के लिहाज से भी ठीक है कि संपादकीय पृष्ठों की लोकप्रियता में बढ़ोत्तरी होनी शुरू हो गई है।

●●●

6

कैसे होता है पत्रिकाओं में संपादन?

संपादन के लिहाज से यदि हम देखें, तो पता चलता है कि दैनिक भास्कर पत्र और साप्ताहिक, पाक्षिक या मासिक पत्रिकाओं में होने वाले या किए जाने वाले संपादन में बहुत फर्क होता है। हालांकि दोनों ही विधाओं में संपादन का स्टाइल लगभग एक-सा ही रहता है, पर भाषागत रूप से यदि भाषा की कसावट की बात की जाए, तो पता चल जाता है कि इस बारे में पत्रिकाएं बाजी मार ले जाती हैं। वजह है—समाचार पत्रों में समय की कमी। और पत्रिकाओं में होती है समय की बहुतायत। इस लिहाज से हमें पत्रिकाओं या मैगजीनों में शीर्षक भी अच्छे देखने को मिल जाते हैं और समाचार भी अच्छे ढंग से लिखे गए होते हैं। अंग्रेजी की या हिंदी की इंडिया टुडे आप देखें तो आपको पता चल जाएगा कि दैनिक समाचारपत्र और साप्ताहिक पत्रिका में किए जाने वाले संपादन में क्या फर्क है।

सालों पहले एक साप्ताहिक पत्रिका 'रविवार' प्रकाशित होती थी। 1989 के अंत में यह पत्रिका बंद कर दी गई थी। उस पत्रिका में काम करने का मुझे भी अवसर मिला था। वहां पर संपादन करने के लिए हमारे पास पर्याप्त समय मिलता था, लिहाजा जब कॉपी फाइनल रूप से तैयार होती थी, तब वास्तव में मूल प्रति और संपादित प्रति में हमें काफी फर्क दिखाई पड़ता था। हालांकि तब कंप्यूटर में संपादन नहीं होता था। संपादन कार्य कागजों पर होता था। साथ ही प्रूफ रीडरों की तैनाती के कारण भी भाषा काफी समृद्ध हो जाती थी। उस पत्रिका में छपने वाली रिपोर्टों या लेखों की उस जमाने में इस पत्रिका में दो प्रूफ रीडर होते थे। पांच उप संपादक थे। एक वरिष्ठ उप संपादक। एक मुख्य उप संपादक। तीन सहायक संपादक तथा एक कार्यकारी संपादक था। इतनी बड़ी फौज थी, जो हमेशा काम में ही जुटी रहती थी।

हालांकि बाद के सालों में और भी समाचार साप्ताहिक या पाक्षिक निकले, पर धीरे-धीरे वे भी बंद हो गए। वजह थी दैनिक समाचारपत्रों की अपनी नीतियों में परिवर्तन करना। अब पत्रिकाओं जैसी सामग्रियां दैनिक समाचारपत्र में छपने लगीं, लिहाजा पत्रिकाएं धीरे-धीरे मार्केट से ही गायब हो गईं। हालांकि मैगजीनें आजकल हैं भी, पर वे भी वर्ग विशेष के लिए ही निकल रही हैं। जैसे खेल की अलग। समाचार साप्ताहिक अलग। फिल्मों की अलग और महिलाओं की अलग, लेकिन संपादन का स्टाइल सबका लगभग एक जैसा ही रहता है।

यह बात तो हम सब एक अरसे से जानते हैं कि पत्रिकाओं का कार्य ताजा समाचार देना नहीं है। पत्रिकाएं ऐसा कर भी नहीं सकतीं। प्रकाशन की कालावधि को देखते हुए न तो वे सामान्य समाचार दे सकती हैं और न वह उनका उद्देश्य ही होता है। जब समाचारपत्र अपने दैनिक भाग-दौड़ में महत्त्वपूर्ण समाचार प्रकाशित कर देते हैं और दूसरे दिन पुनः सर्वाधिक महत्त्वपूर्ण समाचार की तलाश में रहते हैं, पत्रिकाएं उन समाचारों को दुबारा देखती हैं, उनका विश्लेषण करती हैं और बताती हैं कि कोई घटना विशेष क्यों और कैसे घटित हुई और उसका परिणाम क्या हुआ, या होगा। समाचार का भी मनुष्यों की तरह ही भूत, वर्तमान और भविष्य होता है। उनका मनुष्य-मात्र से गहरा संबंध होता है और वे मनुष्यों पर प्रभाव डालते हैं। पत्रिकाओं का कार्य है घटना के संपूर्ण इतिहास का उद्‌घाटन करना, जिसमें उसके भूत, वर्तमान और भविष्य का समावेश हो।

चंद्र पर मानव के अवतरण का समाचार संपूर्ण संसार में अविलंब से प्रकाशित हुआ। तथापि, पत्रिकाओं ने इस समाचार को बाद में लिया और बिलकुल प्रारंभ से आज तक चंद्र पर विजय प्राप्त करने के मानव के प्रयास की संपूर्ण कथा बताई और यह भी बताया कि मानव की इस चंद्र-यात्रा का उसके भविष्य पर क्या प्रभाव होगा। एक पत्रिका ने यह प्रकाशित किया कि किस प्रकार भगवान रामचंद्र ने चंद्र पाने का हठ किया था और किस प्रकार जल-पात्र में चंद्र-बिंब देखकर वे प्रसन्न हुए थे। एक पत्रिका ने यह कथा प्रकाशित की थी कि किस प्रकार जब भगवान गणेश किसी सरिता को पार कर रहे थे तो वे गिर पड़े और

उनका एक दांत टूट गया। चंद्र उन्हें देखकर हंस पड़ा तो गणेश जी ने अपने टूटे दांत से चंद्र पर प्रहार किया और आज भी हम चंद्र पर प्रहार के क्षत-चिह्न देखते हैं। प्रति वर्ष बड़ी गणेश चतुर्थी के रूप में इसी घटना का स्मरण किया जाता है। लेखों में यह भी कल्पना की गई कि आने वाले वर्षों में मनुष्य चंद्र पर जाकर रहने लगेगा। संपूर्ण विश्व की पत्रिकाओं ने चंद्र-कथा के ऐसे अनेक पहलुओं पर चर्चा की।

इन्हें सामान्य पत्रिका कहा जा सकता है जो सामान्य पाठकों को पसंद आती हैं। कुछ पत्रिकाएं ऐसी होती हैं जो विशिष्ट विषयों में रुचि रखने वाले पाठकों को पसंद आती हैं। भारत में दोनों ही प्रकार की पत्रिकाओं का विकास हुआ है तथापि यह विकास उस गति से नहीं हुआ जितनी आशा थी। साक्षरता के विकास और आर्थिक स्थितियों में सुधार तथा विभिन्न विषयों में जनरुचि के विकास को दृष्टिगत रखते हुए आशा की जा सकती है कि हमारी पत्रिकाओं का अधिकाधिक प्रसार होगा।

आज हम पत्रिकाओं की विषय-सूची देखें तो हम यह पाएंगे कि विषयों का भी लोकतंत्रीकरण हुआ है। पहले चूंकि साक्षरता का प्रसार अधिक नहीं था और देश परतंत्र था, पत्रिकाएं समाज के एक विशिष्ट वर्ग की बौद्धिक आवश्यकताओं की जरूरत, हो गया है। इसका स्वाभाविक परिणाम यह हुआ कि विभिन्न विषयों, विषयों की साज-सज्जा, विभिन्न ढंग से प्रस्तुतीकरण तथा विभिन्न रूप-रंग की पत्रिकाएं हमारे सामने हैं। हिंदी तथा प्रादेशिक भाषाओं की पत्रिकाओं के विकास की संभावना बहुत बढ़ गई है।

समाचारपत्रों में अपना निजीपन होना चाहिए, अन्यथा वे फीके और नीरस हो जाते हैं। किन्तु आधुनिक समाचार-पत्र अनेक व्यक्तियों के सम्मिलित प्रयास से तैयार होता है। इसलिए उसका अपना निजीपन उतना प्रखर नहीं होता जितना कि होना चाहिए किन्तु पत्रिका का निजीपन प्रखर होना आवश्यक है। तमिल पत्रिका 'कुमुदम' और 'आनंद विकटन' या मलयालम पत्रिका 'मनोरमा' या हिंदी पत्रिका 'कल्याण' का एक भिन्न अस्तित्व रहा है। यदि हम किसी पत्रिका की विषय-सूची का विश्लेषण करें तो हमें पत्रिका के निजीपन का बोध हो जाएगा और हम जान लेंगे कि संपादक किस वर्ग के पाठकों की आवश्यकताओं की पूर्ति करता है। संपादक ऐसी सामग्री की तलाश में रहता है जो उसके

पाठकों को पसंद आए किन्तु इसके साथ ही वह उनमें नयी अभिरुचि उत्पन्न करने का भी प्रयास करता है।

अनेक पत्रिकाएं और उनके संपादन नये-नये क्षेत्रों का अन्वेषण कर रहे हैं और अपने-अपने पाठकों को नये-नये विषय दे रहे हैं। पत्रिका-संपादन की परंपरागत और रूढ़िगत पद्धति समाप्त होती जा रही है और पत्रिकाओं में नये-नये विचारों का समावेश किया जा रहा है। आज, जबकि दुनिया बदलती जा रही है, किसी भी पत्रिका में संपादक का मस्तिष्क गतिहीन नहीं रह सकता। आज जबकि पाठकों का ध्यान आकर्षित करने वाले अनेक साधन उपलब्ध हैं, संपादक को अपने प्रत्येक अंक में ऐसी सामग्री देनी होती है, जो पाठकों को पसंद आए। पत्रिका की लोकप्रियता बनाए रखने के लिए पत्रिका के संपादक को कल्पनाशील और उद्यमी होना चाहिए।

पत्रिका का एक विशेष लाभ स्पष्ट है। दैनिक समाचारपत्र ताजी सब्जियों की तरह शीघ्र नष्ट हो जाने वाला होता है। समाचारपत्र उसके प्रकाशन के बाद कुछ ही घंटों में बासी हो जाती है और बासी समाचार में कोई आकर्षण नहीं रह जाता, किन्तु साप्ताहिक पत्रिका की कालावधि सात दिन की और मासिक पत्रिका की कालावधि तीस दिन की होती है। कोई भी व्यक्ति कल का समाचारपत्र आज अपने कमरे में देखना नहीं चाहता, किन्तु साप्ताहिक पत्रिका सात दिन तक और मासिक पत्रिका तीस दिन तक पढ़ी जा सकती है। यह कारण नियतकालिक पत्रिकाओं के लिए लाभदायी है। यदि स्थिति का उपयोग वैज्ञानिक ढंग से किया जाए तो नियतकालिक पत्रिकाओं को बहुत लाभ पहुंचेगा।

पत्रिकाओं का भविष्य अत्यंत उज्ज्वल रहा है। यदि हम यह देखें कि दैनिक समाचारपत्र अपने रविवारीय संस्करण किस प्रकार प्रकाशित करते हैं तो उपर्युक्त तथ्य स्पष्ट हो जाएगा। लगभग प्रत्येक दैनिक समाचारपत्र पत्रिका रविवारीय पत्रिका प्रकाशित करता है। इससे यह ज्ञात होता है कि दैनिक समाचारपत्र विषयक सामग्री चाहते हैं और रविवारीय पत्रिकाएं इस सामग्री की पूर्ति करती हैं। दैनिक समाचारपत्रों की रविवारीय पत्रिकाओं की सामग्री का विश्लेषण कर हम देखेंगे कि कितने प्रकार के विषयों पर उनमें लेख प्रकाशित होते हैं और उनमें कितनी गहराई होती है। यह इस तथ्य का सूचक है कि पाठक पत्रिका विषयक सामग्री चाहते हैं। दैनिक समाचारपत्रों की पत्रिकाएं नियमित

पत्रिकाओं से प्रतिस्पर्धा करती हैं। कुछ दैनिक समाचारपत्रों के रविवारीय संस्करणों का पंजीयन अलग से होता है और उनका शुल्क भी अलग होता है तथापि नियमित पत्रिकाओं को उनसे कोई खतरा नहीं होता।

पत्रिकाओं के लिए संवाद लिखना अपने आपमें एक कला है। समाचारपत्र के संवाददाता का सरोकार केवल नवीनतम समाचार से होता है। वह तात्कालिकता पर जोर देता है। उसे समय के विरुद्ध संघर्ष करना पड़ता है। इसके विपरीत पत्रिका के संवाददाता के पास अधिक समय होता है। उसे समाचारों के समुद्र में गहरा गोता लगाना होता है और ऐसा समाचार ढूंढ़ निकालना होता है जिसे दैनिक समाचार-पत्रों ने न ढूंढ़ा हो, और फिर लोगों को बताना पड़ता है कि समाचार के पीछे कौन-सा समाचार है। उसके पास स्थिति का अच्छी तरह से विश्लेषण करने के लिए समय होता है और वह उसकी व्याख्या विभिन्न प्रकार से कर सकता है। इसलिए पत्रिका संबंधी संवाद के लेखक को परिपक्व होना चाहिए और उसमें ऊपरी घटनाओं के पीछे छिपे सत्य को समझ पाने की योग्यता होनी चाहिए। सामान्यतः अच्छी पत्रिकाएं सुरक्षित रखी जाती हैं जबकि समाचार-पत्र सुरक्षित नहीं रखे जाते, बशर्ते कि उनमें प्रकाशित सामग्री सुरक्षित रखने योग्य हो। कहा जाता था 'लंदन टाइम्स' का प्रत्येक अंक अपने आप में एक पुस्तक होता था। अच्छी पत्रिका के प्रत्येक अंक को भी ऐसा ही होना चाहिए, तभी पाठक उसे भविष्य के लिए सुरक्षित रखेंगे। संदर्भ सामग्री के रूप में उनका मूल्य अत्यधिक है। उनका स्थायी या अर्ध-स्थायी महत्त्व होता है क्योंकि उनमें प्रकाशित सामग्री अल्पकालिक महत्त्व की नहीं होती। इसलिए पत्रिका के लिए जो संवाद लेखन किया जाता है, उसे गहरा, स्पष्ट और प्रामाणिक होना चाहिए, जिससे कि प्रचलित घटनाओं में निहित प्रवृत्ति का पता चले। दैनिक समाचारपत्र, पत्रिका के संवाददाता को कच्ची सामग्री दे सकते हैं और सुझाव दे सकते हैं कि वह अपनी तलाश किस प्रकार करें। कई मामलों में वह अन्वेषणात्मक संवाद-लेखन के लिए अपने विषय चुन सकता है। पत्रिका के लिए संवाद-लेखन का कार्य अधिक आकर्षक होता है क्योंकि उसकी सामग्री का महत्त्व उतनी जल्दी नहीं घटता जितनी जल्दी समाचारपत्र की सामग्री का।

हमारी पत्रिकाओं में कई विषयों पर विशेष लेख प्रकाशित होते हैं। उनमें से कुछ तो उन लेखकों द्वारा भेजे जाते हैं जिनसे लेख भेजने के

लिए निवेदन किया जाता है और कुछ लेख ऐसे लेखकों द्वारा भेजे जाते हैं जो उन्हें प्रकाशित कराना चाहते हैं। उनमें से कुछ प्रकाशित होते हैं। इन रूपक लेखों के अतिरिक्त लघुकथाएं भी लोकप्रिय होती हैं। अच्छी लघु कथाएं बहुतेरे पाठकों द्वारा पढ़ी जाती हैं।

भारत में स्वतंत्र लेखन की गुंजाइश बढ़ती जा रही है, यद्यपि आज उसका क्षेत्र बहुत सीमित है। पत्रिकाओं के विकास के साथ स्वतंत्र लेखकों को अधिक व्यापक क्षेत्र प्राप्त होगा। फीचर वितरण एजेंसियां और सिंडीकेट नई संस्थाएं हैं, जिनका स्वागत किया जाना चाहिए। तथापि अभी उनका विकास वैज्ञानिक आधार पर करना शेष है। स्वतंत्र लेखक इस बात की शिकायत करते हैं कि सिंडीकेट उन्हें उनके लेखों के उस पारिश्रमिक का, जो सिंडीकेटों को समाचारपत्र से प्राप्त होता है, कुछ प्रतिशत ही देते हैं और वह भी तब देते हैं जब लेख प्रकाशित हो जाते हैं। सिंडीकेट शिकायत करते हैं कि स्वतंत्र लेखक अपने लेख सीधे समाचारपत्रों को भेज देते हैं। हम आशा करते हैं कि संक्रमण काल की ये कठिनाइयां शीघ्र ही दूर होंगी और स्वतंत्र लेखकों, सिंडीकेटों और पत्रिकाओं के बीच लेखों के पारिश्रमिक आदि संबंधी बातें व्यवस्थित ढंग से तय हो जाएंगी।

पत्रिका में उप संपादक की कुछ विशेषताएं होती हैं। उप संपादक को इस बात का ध्यान रखना चाहिए कि पत्रिका में प्रकाशित होने वाली सामग्री काफी समय तक ताजी रहे। समाचारपत्र की अपेक्षा, जिसमें शीघ्र बासी हो जाने वाली सामग्री प्रकाशित होती है, पत्रिका के पाठकों की संख्या अधिक हो सकती है। समाचारपत्रों की तरह पत्रिकाओं को पाठक सरसरी तौर पर देखकर फेंक नहीं देते। उन्हें आराम के साथ पढ़ा जाता है। इसलिए पत्रिकाओं की सामग्री और उनका रूप-रंग आकर्षक होना चाहिए।

पत्रिकाओं के उप संपादक को एक लाभ यह होता है कि उसके लिए समय काफी होता है। पत्रिका की 'डमी' कई सप्ताह पहले से तैयार कर ली जाती है। उसमें समय के साथ होड़ नहीं करनी पड़ती। संपादक के पास इतना समय होता है कि प्रत्येक लेख या रूपक को सावधानीपूर्वक देख सके। लेखों को काटा जा सकता है, छोटा किया जा सकता है, समायोजित किया जा सकता है और फिर से लिखा जा सकता है।

समय की उपलब्धि का एक दूसरा पहलू भी है। बहुधा कई सप्ताह पहले लिखे जा चुके लेखों को बाद की घटनाओं को दृष्टिगत रखते हुए नए

ढंग से आरंभ करना पड़ जाता है। चित्र अत्यंत उपयोगी होते हैं और पत्रिका को आकर्षक बना देते हैं। पत्रिका में पत्र शिल्पियों को अपनी संपूर्ण कला के प्रदर्शन के लिए काफी समय प्राप्त होता है। कई पत्रिकाओं का रूप-रंग भी आकर्षक होता है और उनमें प्रकाशित सामग्री भी उत्कृष्ट होती है।

समाचार की लहर के बाद लहर आती है, अथक और अनन्त। एक क्षण में आप कोई एक समाचार पकड़ेंगे, दूसरे ही क्षण उससे अधिक महत्त्वपूर्ण दूसरा संवाद आ जाता है और स्थिति ऐसी हो जाती है जैसी टीम विकर ने अपनी पुस्तक 'ओ प्रेस' में लिख है, "बीते कल की लहर के थपेड़े हलके पड़ गए हैं और समाचार स्थापनाएं आज के समाचार का समाधान करती हुई आने वाले कल के समाचारों की ओर नजर गड़ाए हुए हैं। कल का हंगामा आज बासी खबर बन गया है जिसको कि उपयुक्त ढंग से पेश नहीं किया गया था।" 'दैनिकता' समाचारपत्र पर एक अंकुश रखती है। इस अंकुश से पत्रिकाएं तुलनात्मक रूप से मुक्त हैं।

एक और तथ्य भी है जिसके कारण समाचारपत्र की 'दैनिकता' उसका सिर नीचा कर देती है और रेडियो, टी.वी. तथा पत्रिकाओं की सहायता करती है। इसका एक उच्चतम उदाहरण यह है कि श्रीमती इंदिरा गांधी को 14 जनवरी, 1980 को प्रात: दस बजे प्रधानमंत्री के पद की शपथ दिलाई गयी थी। दिल्ली और अन्य नगरों के दैनिक समाचारपत्रों ने दूसरे दिन बड़ी शान से पहले अग्रलेखों के साथ-साथ राष्ट्र को बताया कि श्रीमती इंदिरा गांधी ने कल अपने पद की शपथ ली जबकि संसार या समाचार उनके शपथ लेने के तुरंत बाद ही रेडियो तथा टी.वी. के जरिए पा चुका था।

समाचारपत्र 24 घंटे पिछड़े रहते हैं। मुद्दा यह है कि संपादक अपने पुराने ढंग से नये तकनीकी विकास की चुनौतियों से बेपरवाह रहकर काम कर रहे हैं। अब सवाल यह है कि ऊपर दिए गये उदाहरण के संदर्भ में संपादक क्या कर सकते थे। कुछ भी हो, उनके अगले दिन का अग्रलेख इस बात की सीधी-सादी घोषणा नहीं हो सकता कि श्रीमती गांधी ने प्रधानमंत्री पद की शपथ ली। घटना के 24 घंटे बाद प्रकाशित होने वाले पत्र के लिए जरूरी है कि उसमें घटना का पूरा विवरण, उस स्थिति के उत्पन्न होने के कारण, आशय, संभव प्रभाव तथा प्रतिक्रिया आदि का उल्लेख हो।

दैनिक समाचारपत्रों की यह स्थिति, जैसा कि एक अनुभवी संपादक

ने बताया है, प्रेस की शक्ति को प्रकट रूप से घटाती है और इसकी प्रतिष्ठा को इस तरह से कम करती है जैसे वह बासी सामान बेचने वाला हो। यह स्थिति उसकी उपयोगिता को रेडियो तथा टी.वी. की अपेक्षा कम करती है और उसकी विश्वसनीयता को भी घटाती है।

इन बातों का लाभ वे व्यावसायिक पत्रिकाएं उठा लेती हैं जो इस कमी को भरने के लिए सचेष्ट रहती हैं। भारत में लोकप्रिय पत्रिकाओं की संख्या जिस ढंग से बढ़ी है, वह इन पत्रिकाओं के प्रयास की सफलता का सूचक है। इन पत्रिकाओं में से कुछ बहुत चुतर हैं। जहां पर उनके पास पुरानी सामग्री होती है वे उसे फिर से उबाल कर खूब नमक-मिर्च लगाकर, चुनिंदा साक्षात्कारों का रंग देकर, सुंदर चित्रों के साथ सुसज्जित कर, बड़े आकर्षक ढंग से प्रस्तुत करती हैं। इन पत्रिकाओं ने पत्र-जगत में अपना स्थान सुरक्षित कर लिया है।

इस समय पत्रिकाओं में अलग-अलग वर्गों के लिए पत्रिकाएं निकल रही हैं, जैसे समाचार पत्रिकाओं के रूप में हमें इंडिया टुडे और आउट लुक या फ्रंटलाइन जैसी पत्रिकाएं मिल जाती हैं, तो खेल की पत्रिकाएं स्पोर्ट्स स्टार और क्रिकेट टुडे या क्रिकेट सम्राट ने अपने क्षेत्र में धाक जबा रखी है। फिल्मी पत्रिकाओं के रूप में सिने ब्लिट्ज, स्टार डस्ट जैसी मैगजीनों ने हंगामा किया हुआ है। यही नहीं, महिलाओं की मैगजीन न्यू वूमैन भी अच्छी निकल रही हैं। पर यह बात भी हमें ध्यान में रखनी चाहिए कि इनमें से ज्यादातर पत्रिकाएं अंग्रेजी में ही छपती हैं। हिंदी की प्रमुख पत्रिकाएं रविवार, हिन्दुस्तान और धर्मयुग का प्रकाशन तो कबका बंद हो चुका है।

कुल मिला कर यह कहा जा सकता है कि समाचारपत्र और पत्रिकाओं की कार्यप्रणाली में बहुत अंतर होता है। हालांकि संपादन के फार्मूले सब जगह एक जैसे ही होते हैं, पर भाषागत रूप से हम पत्रिकाओं के काम में ज्यादा फिट हो सकते हैं, क्योंकि पत्रिकाओं में संपादन करने में हमें समय ज्यादा मिलता है। लिहाजा हम वहां के काम को इत्मीनान से कर ले जाते हैं, जबकि दैनिक समाचार पत्र में आज का काम आज और अभी ही निपटाना पड़ता है। यही फर्क होता है पत्रिकाओं और समाचार पत्रों में संपादन करने का।

●●●

7

नीति निर्देशक तत्त्व

समाचारपत्र या अखबार ही तो समाज का आईना होता है, जो हमें यह बताता है कि देश-दुनिया में क्या-क्या और कैसे-कैसे घट रहा है। प्रत्येक क्षेत्र, चाहे वह राजनीति हो, फैशन हो, खेल हो, बाजार हो, शेयर बाजार हो, विज्ञान हो या फिर टेक्नोलॉजी का क्षेत्र-सब में होने वाले विकास एवं प्रगति का पूरा लेखा हमें समाचार-पत्रों में ही तो मिलता है। कुल मिलाकर यह कहना सत्य ही प्रतीत होता है कि अखबार के बिना जीवन कुछ अधूरा सा दिखता है, लगता है। अगर सवेरे अखबार नहीं मिलता है हमें, तो हम बेचैन से हो जाते हैं। खड़बड़ा से जाते हैं।

बहरहाल, किसी भी समाचार पत्र को बनाने, सजाने, तैयार करने के लिए एक टीम का गठन किया जाता है और उस टीम को बताया जाता है कि कौन-कौन से काम किए जाएंगे और कैसे किए जाएंगे। यही तो वे नीति निर्देशक तत्त्व होते हैं, जो किसी भी समाचार पत्र और उसके संपादन को सफल बनाते हैं, जैसे-

समाचारपत्र में संपादक का स्थान सर्वोपरि और सर्वाधिक महत्त्व का होता है। समाचारपत्र की कल्पना बिना संपादक के नहीं की जा सकती। लोगों की दृष्टि में समाचारपत्र का संपादक अपने पत्र की लोकप्रियता और उसके नेतृत्व के लिए जाना जाता है अपितु वह अनेक समसामयिक विषयों, समस्याओं पर जनता का प्रतिनिधि या मार्गदर्शक भी होता है। समाचारपत्र के लिए उसकी प्रतिष्ठा का प्रमुख आधार समाचारपत्र की भाषा-शैली, वैचारिक गतिविधि, कुशल संपादन और पत्र में कार्यरत संपादकीय विभाग से होती है। इसीलिए सन्नी थामस के विचार अत्यंत स्पष्ट हैं-'संपादक सभ्यता का प्रकाश स्तंभ होता है। ज्ञान का यह प्रकाश दीप महत्त्वपूर्ण व्यक्तियों तथा जीवन के प्रति उच्च लक्ष्यों वाले व्यक्तियों के लिए प्रेरणा का स्रोत होता है।' प्लेटो, एरिस्टोटिल तथा अन्य ग्रीक विचारकों के लिए जो

महत्ता सुकरात की थी वही महत्ता समाज में संपादक की है। संपादक का चिंतन उन समसामयिक सोच के व्यक्ति को प्रभावित करता है जिनके क्रियाकलापों से इतिहास की रचना होती है।

इस इकाई में संपादक के महत्त्व को और समाचारपत्र के आवश्यक पहलुओं पर विवरण दिया जा रहा है, जिसके माध्यम से समाचारपत्र की संपादकीय कार्यप्रणाली से आप परिचित हो सकेंगे।

यहां प्रसिद्ध विद्वानों द्वारा दी गई संपादक की परिभाषाएं प्रस्तुत हैं–

श्री माखनलाल चतुर्वेदी ने संपादकीय कार्य को आयाचित अथवा स्वयं स्वीकृत सेवा के रूप में निरूपित किया है।

एक अन्य विद्वान रीडविड्स ने अत्यंत सरल व्याख्या में संपादक के अर्थ को व्यक्त किया है–"जब कोई डॉक्टर भूल करता है तो वह उसे दफना देता है।

"जब किसी गैरेज का मालिक भूल करता है तो उसे आपके बिल में जोड़ देता है।

"जब कोई बढ़ई भूल करता है तो वह उसकी आशा के अनुकूल ही होती है।

"जब कोई वकील भूल करता है तो वह वही होता है जिसे वह चाहता था। क्योंकि उसे केस को पुनः नए सिरे से जांच करने का अवसर मिलता है।

"जब कोई न्यायाधीश भूल करता है तो उसकी वह भूल कानून बन जाती है।

"जब कोई धर्मोपदेशक भूल करता है तो उसे कोई नहीं जानता।

"किन्तु जब कोई संपादक भूल करता है तो संकट प्रारंभ हो जाता है।"

स्टेनली वाकर ने संपादन करने वाले व्यक्ति को (उपसंपादक) फोर्थ स्टेट के विस्मृत हीरो की उपाधि से विभूषित किया है। इस विस्तृत हीरो की दृष्टि इतनी सूक्ष्म होती है कि वह चार्ल्स एस. ब्राउन के शब्दों में एक कॉमा तक को इधर-से-उधर नहीं होने देता।

डॉ. रमेश जैन के अनुसार–किसी भी समाचार का संपादन करते समय तीन बातों का ध्यान रखना आवश्यक है। पहला महत्त्व स्थान, समय और दूरगामी परिणाम। यदि समाचार महत्त्वपूर्ण है तो उसको यथा संभव विस्तार से और मोटे शीर्षक से देना चाहिए। यदि समय और

स्थान कम हो तो महत्त्व के समाचार को संक्षेप में देना ही ठीक रहता है। यदि समाचार देना है तो विस्तार से देना है, संक्षेप करने कौन बैठे, यह प्रवृत्ति ठीक नहीं है। विस्तार के लोभ में समाचार उसी दिन जाने से रह गया तो अगले दिन वह बासी होकर बेकार हो जाएगा। विस्तृत समाचार को सारांश में इस प्रकार लिखना कि सभी महत्त्वपूर्ण बातें उसमें आ जाएं, अपने आप में एक कला है।

संपादक का कार्य एक प्रधानमंत्री, प्रधान सेनापति का-सा कार्य है, जिस प्रकार प्रधान सेनापति अपनी सेना का संचालन करता है, उसी प्रकार संपादक अपने पत्र का संचालन करता है जिस प्रकार एक योग्य सेना के चलने-फिरने, खाने-पीने, लड़ने-भिड़ने आदि पर सेनापति अपनी निगाह रखता है, उसी प्रकार संपादक सेनापति अपने रिपोर्टर, संवाददाता, उपसंपादक आदि सिपाहियों पर अपनी निगाह रखता है। दोनों की जिम्मेदारियां भी करीब-करीब एक-सी होती हैं। बड़ी सावधानी व जागरूकता की आवश्यकता होती है। जरा-सी भूलें कीं कि गए। विष्णुदत्त शुक्ल की यह व्याख्या संपादक के कार्य को और उसकी जिम्मेदारियों को बखूबी ढंग से प्रस्तुत करती है।

डॉ. रामचंद्र तिवारी ने संपादकों के कार्यों को उसकी आचार संहिता के साथ निम्न प्रकार से प्रकट किया है–

1. **उत्तरदायित्व :** पत्रकार स्वार्थ-साधन न करके लोकहित की भावना से प्रेरित होकर कार्य करता है।
2. **स्वतंत्रता :** जिन विषयों के विवेचना पर कोई कानूनन रोक न हो, उन सभी का बेहिचक विवेचन।
3. **निर्भीकता :** बिना किसी पक्षपात के वह लोक कल्याण को ही ध्यान में रखकर लिखता है और किसी प्रकार के बंधनों से मुक्त रहता है।
4. **ईमानदारी :** पाठकों के प्रति पूर्ण ईमानदारी बरतता है।
5. **सत्यता :** जो लिखता है, उसकी सत्यता की जांच-परख करके ही लिखता है।
6. **निष्पक्षता :** समाचार प्रकाशन में कोई विशिष्ट शुल्क नहीं रखता।
7. **नैतिकता :** वह ऐसी सामग्री प्रकाशित नहीं करता जिससे किसी

व्यक्ति के चरित्र पर आरोप लगता हो और उस संबंधित व्यक्ति को उत्तर देने का अवसर न मिलता।

8. शिष्टता : वह लोकरुचि के उत्थान और पतन को ध्यान में रखकर ही सामग्री प्रकाशित करता है।

सामान्यत: संपादकों की चार प्रकार की निष्ठा मानी गई है, जिसे एम.वी. कामथ ने निम्न प्रकार से व्यक्त किया है–(1) राज्य के प्रति, (2) मालिकों के प्रति, (3) पाठकों के प्रति, और (4) स्वयं के अंत:करण के प्रति।

संपादक के महत्त्व को डॉ. राम गोपाल मिश्र ने इस प्रकार से दिया है कि संपादक का अधिकार उत्तुंग शिखर के समान है, जहां से वह समाज की गतिविधियों को देखकर अपनी भावनाओं एवं तदनुकूल सामग्री का प्रकाशन करता है। संपादक नित नूतन विचारों और रचनाओं का अग्रदूत होता है। वह समाज का नेतृत्व अपनी प्रखर प्रतिभा से करने में समर्थ है। संपादक जिन विचारों का प्रतिपादन करता है, वे काल विशेष और देश विशेष तक सीमित नहीं रहते हैं, वरन् उसका व्यापक प्रचार होता है, अत: उसके विचारों में स्थायित्व होना चाहिए। पत्र-पत्रिका के संपादन में संपादक, पत्रकीय रंगमंच का सूत्रधार होता है। समस्त वस्तु संपादक पर ही अवलंबित रहती है, उसी पर समस्त वस्तु का विनियोग है। पत्र-पत्रिका के संपादक सच्चे धर्मोपदेशक भी होते हैं।

वरिष्ठ पत्रकार प्रवीण दीक्षित ने संपादक के निम्नलिखित नीति निर्देशक सिद्धांतों को पालनार्थ महत्त्व दिया है–

1. सत्यनिष्ठा
2. प्रेस की स्वतंत्रता
3. यथार्थता
4. समव्यवहार
5. उत्तरदायित्व
6. नेतृत्व

'समाचार' शब्द 'व्युत्पत्ति' सम-आ,चर + धम् से जिसका तात्पर्य सम्यक आचरण करना या व्यवहार बताना होता है। 'समाचार' के लिए अंग्रेजी में न्यूज शब्द का प्रयोग होता है जो अंग्रेजी वर्णमाला के चार अक्षरों से बना है। ये अक्षर निम्न हैं–

1. N = North (उत्तर)
2. E = East (पूर्व)
3. W = West (पश्चिम)
4. S = South (दक्षिण)

अर्थात् समाचार चारों दिशाओं से खबरों का बोध कराते हैं। न्यूज में एक अन्य अर्थ (न्यू) भी लिया जाता है, जिसका अर्थ होता है 'नया'। अंग्रेजी का न्यू लैटिन के नोवा शब्द पर आधारित है और नोवा संस्कृत के 'नव' शब्द पर। इस दृष्टि से न्यूज का अर्थ नवीनता, ताजी, नापी खबरों से है जो चारों दिशाओं में घटित हो रही है किन्तु ऐसी घटनाएं जो तात्कालिक रूप में हों, उसे समाचार के रूप में व्यक्त किया जाता है।

समाचार की परिभाषाओं को यद्यपि किसी सीमा में रखकर व्याख्या में नहीं लिया जा सकता। तथापि कुछ विद्वानों ने इसे परिभाषित किए जाने का प्रयास है। ये परिभाषाएं इस प्रकार हैं–

- समाचार किसी सामयिक घटना या महत्त्वपूर्ण तथ्यों का परिशुद्ध तथा निष्पक्ष विवरण होता है। जिससे उस समाचार पत्र में पाठकों की रुचि होती है, जो इस विवरण को प्रकाशित करता है।

– के.पी. नारायण

- उन महत्त्वपूर्ण घटनाओं, जिनमें जनता की दिलचस्पी हो, की पहली रिपोर्ट को समाचार कह सकते हैं।

– डी.सी. लारवुड

- वह सत्य घटना या विचार जिसमें बहुसंख्यक पाठकों की दिलचस्पी हो।

– एम. लाइल स्पेंसर

- समाचार जल्दी में लिखा गया इतिहास है।

– जार्ज एच. मोरिस

- पर्याप्त संख्या में मनुष्य जिसे जानना चाहे, वह समाचार है, शर्त यह है कि वह सुरुचि तथा प्रतिष्ठा के नियमों का उल्लंघन न करे।

– जे.जे. सिंग्लर

समाचारपत्र में अनेक प्रकार के लेखों का चयन किया जाता है जो समय एवं वर्तमान परिप्रेक्ष्य में होते हैं। प्रसंग लेख भी समाचारपत्र में अपनी विशिष्टता के कारण सामयिक एवं उपयोगिता को दृष्टिगत करके

लिखा जाता है क्योंकि पाठकों के लिए समाचारपत्र एक पूर्ण एवं उचित मार्गदर्शन की अपेक्षा लिए होता है।

प्रवीण दीक्षित के अनुसार संपादकीय स्तंभ में कभी-कभी सामान्य समसामयिक विषयों पर विचार व्यक्त न करके कुछ विशेष रुचि के विषयों को लिया जाता है। कुछ संपादक कथा, कहानियों, उदाहरणों, उद्धरणों द्वारा किसी समस्या पर अपने विचार व्यक्त करते हैं, इस प्रकार के उद्धरण, प्रधान अग्रलेख जहां एक ओर साधारण पाठकों को प्रभावित करते हैं, वहीं कुछ बुद्धिजीवी पाठक इन्हें अधिक उपयोगी नहीं मानते। ऐसे लेखों के लिए उन्होंने मुख्य रूप से दृष्टिगत किया है किसी मूलभूत विचार को केंद्र बनाकर आदि से अंत तक संपूर्ण उद्धरण सामग्री का यथा स्थान उपयोग करना।

समाचारपत्र में पाठकों के लिए उनके मनोनुकूल स्थान भी रहता है जिसे वह बिना किसी हस्तक्षेप के संपादक के नाम पत्र प्रेषित कर अपने विचारों को मुक्त रूप से प्रकट करने के लिए स्वतंत्र होते हैं। इस स्थान के लिए समाचार पत्रों में पाठकवाणी, लोकमंच, आपके पत्र आदि जैसे स्थान आरक्षित होते हैं। इन पत्रों का संपादन भी अत्यंत सतर्कता एवं सजगता के साथ किया जाता है। क्योंकि ऐसे प्राप्त पाठकों के पत्रों में ज्यादातर किसी-न-किसी नेताओं, व्यवस्था या अधिकारियों के खिलाफ टिप्पणी होती है जो, किसी के व्यवसाय पर, यदि गलत हुए, तो बुरा असर डालती है। कई बार किसी शरारत की वजह से छद्म नामों या दूसरे के नामों का गलत प्रयोग करके संपादकों को पत्र प्रेषित कर दिए जाते हैं। पत्र में सार्वजनिक हित की दृष्टि से संपादन किया जाना उचित होता है। कई बार अनेक पाठकों के सामयिक चिंतन पर लिए गए पत्र अत्यंत रुचिकर एवं उपयोगी होते हैं। इस प्रकार यह संपादक के नाम पत्र जनवाणी के रूप में भी प्रजातंत्र के लिए उपयोगी भूमिका का निर्वाह करते हैं।

संपादकीय विभाग समाचारपत्र के हृदय की धड़कन होते हैं। इस विभाग से समाचार पत्र प्रकाशन की ऊर्जा समाचारपत्र को प्राप्त होती है। संपादकीय विभाग में संपादक, समाचार संपादक, उपसंपादक, सहायक संपादक, संयुक्त संपादक, विशेष संपादक आदि कार्यरत होते हैं।

समाचारपत्र की विशालता के अनुसार विभाग में पृथक-पृथक संपादकीय डेस्क की व्यवस्था होती है जिनमें अलग-अलग विषयों के लेखों, समाचारों का संपादन किया जाता है। प्रवीण दीक्षित ने निम्नानुसार कार्य के विभाजन का स्वरूप दर्शाया है-

1. संवाददाताओं (स्थानीय संवाददाताओं को छोड़कर) के समाचार प्रांतीय संपादक पास करेंगे।
2. महिला संपादक, खेल संपादक तथा दूसरे इसी प्रकार के अन्य स्थानीय, विभागीय समाचारों को स्थानीय संपादक पास करेंगे।
3. स्टॉफ संवाददाताओं द्वारा लिखी गई कापियों को सावधानीपूर्वक ठीक करके कॉपी संपादन के लिए वरिष्ठ संवाददाता पहले स्वयं देखकर फिर स्थानीय संपादक को देंगे।
4. राष्ट्रीय समाचार एजेंसियों से प्राप्त समाचार वायर, टेलीग्राम संपादक पास करेंगे।
5. फोन द्वारा या अन्य किसी सूत्र से सीधे प्राप्त किसी सामग्रियों को रि-राइट मेन प्रकाशन के योग्य बनाकर पास करेंगे।
6. फोटोग्राफर स्थानीय समाचार संपादक के निर्देशानुसार किसी नगर, संवाददाता के साथ या एसाइनमेंट के अनुसार करेगा।
7. विभागीय संपादक, संपादकीय पृष्ठ को देखेंगे। जैसे रविवारीय विशेष लेख, विचार, फीचर, पुस्तक-समीक्षा आदि।
8. सभी संपादकीय विभागीय कॉपी लेकर मेकअप संपादक मशीन में जाएगा और स्टोन पर पृष्ठ का साज-सज्जा कराएगा।
9. रात्रि पाली प्रभारी या समाचार संपादक भी मेकअप करा सकता है।

समाचारपत्र में समाचार संपादक का महत्त्वपूर्ण स्थान होता है। समाचार संपादक के कार्य एवं दायित्व इस बात से स्पष्ट हैं कि एम.बी. कामथ ने उसे माना है कि समाचार संपादक, समाचारपत्र को महान बना देता है। समाचार संपादक के कार्य एवं दायित्वों को नियमानुसार समझ सकते हैं।

1. वह सदा समाचारों की खोज में रहता है। समाचारों का फालोअप आदि करने हेतु संवाददाताओं को आवश्यक निर्देश भी देता है।
2. संवाददाताओं एवं अन्य समाचार स्रोतों से प्राप्त समाचारों से श्रेष्ठ का चयन वह करता है।

3. विशेष व्यक्तियों के साक्षात्कार एवं उनसे समाचार प्राप्त करने के लिए अपने संवाददाताओं को वह आवश्यक निर्देश देता है।
4. स्वयं के कार्यों के मूल्यांकन करने की दृष्टि से वह अन्य प्रतिस्पर्धी अखबारों पर भी निगाह रखता है।
5. समाचार संपादक, समाचार कक्ष तथा संपादक के मध्य संपर्क बनाए रखता है। इस प्रकार वही संपादक की आंख व कान होता है।
6. समाचार पत्र में संवाददाताओं, विदेशी, घरेलू, राज्य, स्थानीय, खेल तथा कॉमर्स डेस्क तथा फोटो एवं फीचर विभाग में चयन की प्रक्रिया संबंधी गतिविधियों को वही यानी सपादक ही संचालित करता है।
7. समाचार कैसे लिखा जाए, संपादन कैसे हो, हेडिंग क्या हो, पेज समय पर छूटें, यह भी वही ध्यान रखता है।
8. समाचार संपादक इस बात का भी ध्यान रखता है कि उपसंपादक कार्यालय में अनुशासन बनाए रखें। आचार संहिता का पालन करें तथा उन्हें जो कार्य दिया जाए, उसे वे समय पर पूरा करें।
9. मान-हानिकारक समाचारों से बचना चाहिए।
10. समाचारपत्र की प्रतिष्ठा बनी रहे, प्रामणिकता बनी रहे, इसका भी पूरा ध्यान रखना चाहिए। जरा-सी गलती अखबार की छवि खराब कर सकती है।
11. ग्रामीण संवाददाताओं से नियमित संपर्क बनाए रखना चाहिए तथा उन्हें समय-समय पर प्रोत्साहित भी करते रहना चाहिए। साथ ही शहरी संवाददाताओं को पूर्ण महत्त्व दिया जाना चाहिए।
12. विज्ञापन विभाग तथा मैनेजर से भी तालमेल बना कर रखना चाहिए क्योंकि वही तो शहंशाह होता है किसी भी समाचारपत्र का। लिहाजा उनसे बिगाड़ ठीक नहीं होता है।

कुल मिला कर यही कहा जा सकता है कि यदि इन सब बातों को गंभीरता पूर्वक देखा जाए, इन पर विचार किया जाए तथा इन पर अमल किया जाए, तो किसी भी समाचार पत्र को बहुत ही जल्दी लोकप्रियता के शिखर तक बड़ी आसानी से एवं शीघ्रता से पहुंचाया जा सकता है। बस, इन बातों का ध्यान रखा जाए, सिर्फ।

●●●

8

हेडिंग का खेल

हर सुबह समाचारपत्र पाठकों के हाथों में पहुंचता है और पाठक उन्हीं खबरों को सबसे पहले पढ़ता है, जिनके हेडिंग या शीर्षक रुचिकर दिखते हैं। ये हेडिंग ही होती हैं, जो पाठकों को अपनी तरफ आकर्षित करती हैं। सच बात तो यही है कि हेडिंग या शीर्षक यदि ठीक से लग रहे हैं, तो वे समाचारपत्र को हिट या लोकप्रिय बनाने में सार्थक भूमिका निभा सकते हैं।

कोई भी खबर हो, लेख हो या कुछ अन्य सामग्री, उसका चाहे जितना अच्छा संपादन कर लिया जाए, यदि उसका हेडिंग ठीक या अच्छा नहीं लगाया गया है, तो वह समाचार पढ़ा ही नहीं जाएगा। वह पाठकों की नजरों से यूं ही गुजर जाएगा। न देखा जाएगा और न ही पढ़ा या सराहा ही जाएगा। ये हेडिंग ही होते हैं जो पाठकों को अपनी तरफ आकर्षित करते हैं। सच बात तो यह भी है कि ये हेडिंग ही होते हैं जो तमाम तरीके से पाठकों को मोहित कर लेते हैं। यही नहीं, हेडिंग का साइज भी तो पाठकों को यह बता देता है कि उस समाचार का महत्त्व क्या है?

जिस तरह से किसी भी फर्नीचर को बेहतर दिखाने के लिए सबसे अंत में उसमें अच्छी पॉलिश लगाई जाती है, उसी तरह से सबसे अंत में हेडिंग लगाई जाती है। यदि हेडिंग ही अच्छी नहीं लगाई गयी, तो खबर या समाचार का अस्तित्व ही समाप्त प्राय हो जाता है। कोई भी उम्दा हेडिंग लगाने के लिए निम्न बातों का ध्यान अवश्य रखा जाना चाहिए–

1. शीर्षक हमेशा बोलते हुए लगाने चाहिए। वे ऐसे दिखने चाहिए कि वे कुछ कह रहे हैं। मनोरंजन कर रहे हैं। शिक्षित कर रहे हैं।
2. शीर्षक ऐसे होने चाहिए, जो पाठकों से सीधे-सीधे संवाद स्थापित कर लें।
3. शीर्षकों में शब्द चयन ऐसा किया जाना चाहिए, जो पाठकों को

सीधे-सीधे अपनी आगोश में ले लें। उन्हें यह बता दें कि उस समाचार या लेख का मर्म क्या है?

4. शीर्षक हमेशा सकारात्मक दिखना चाहिए। सक्रिय दिखना चाहिए।

5. शीर्षक अधिकतर मौकों पर वर्तमान काल में ही लगाए जाने चाहिए।

6. जो एब्रीविएशन पॉपुलर हो गए हों, तो हम उनका भी इस्तेमाल कर सकते हैं, जैसे रिजर्व बैंक ऑफ इंडिया के गर्वनर की जगह हम आरबीआई के गर्वनर का प्रयोग कर सकते हैं।

7. भाषण के अंशों को भी हम हेडिंग में शामिल कर सकते हैं, यदि वे महत्त्वपूर्ण तथ्यों को दर्शा रहे हों, तो...

8. हेडिंग ऐसे होने चाहिए जो पाठकों को किसी भी समाचार का सार बताने में सक्षम हों।

9. हेडिंग ही यह जता दें कि कौन-सा समाचार पाठकों के लिए कितना महत्त्वपूर्ण है।

10. शीर्षक का हेडिंग ऐसे लगाने चाहिए जो पाठकों को स्वत: आकर्षित कर लेते हैं।

11. ये हेडिंग ही होते हैं, जो समाचारपत्र को सुंदर बनाते हैं। आकर्षक बनाते हैं।

यह बात हमें अच्छी तरह से समझ लेनी चाहिए कि समाचारपत्र न तो धार्मिक पुस्तकों की तरह पढ़े जाते हैं और न ही पाठ्य पुस्तकों की तरह ही। लोग अपनी जानकारी बढ़ाने, देश-विदेश या फिर अपने स्थानीय समाज की गतिविधियों से अवगत होने के लिए अखबार खरीदते हैं, पढ़ते हैं। वे जानना चाहते हैं कि कहां क्या कुछ हो रहा है। अत: वे पूरे समाचारपत्र में अपनी रुचि, जरूरत तथा रूझान के अनुरूप ही खबरों को तलाशते हैं। खबरों की भीड़ में उनकी नजर ऐसी जगह पर जल्दी रुकती है, जो साधारण नहीं सजावट की हुई होती है। मोटे अक्षर, तस्वीरें, कार्टून, बॉक्स में दे गई सामग्री, थोड़ा-सा खाली स्थान दिखाता समाचार उन्हें ज्यादा आकर्षित करता है। आगे आपको कुछ ऐसे समाचार दिए जा रहे हैं, जो स्वयं आपको यह बता देंगे कि शीर्षकों या हेडिंगों का महत्त्व कितना ज्यादा होता है।

यह बात भी हमें जान ही लेनी चाहिए कि कोई भी पाठक पूरे

अखबार का नहीं ही पढ़ता है। हां, वह समाचारपत्र देखता जरूर है। वह चाहता है कि उसे महत्त्वपूर्ण जानकारी, समाचार, मालूम पड़ जाएं ताकि वे केवल उन्हीं को पढ़, देख सकें, जिन पर उसकी रुचि है। सच बात तो यह है कि यह जमाना फास्ट फूड वाला है, लिहाजा पाठक भी तो फास्ट स्टाइल में जागता रहता है। वह कम समय में ज्यादा से ज्यादा जानकारियों को लेना चाहता है। जानना चाहता है। इसलिए हेडिंग हमें हमेशा महत्त्वपूर्ण तथ्यों को केंद्र में रख कर ही लगानी चाहिए।

यह बात तो उप संपादकों को अच्छी तरह से जान भी लेनी चाहिए और समझ भी लेनी चाहिए कि हेडिंग ही वह चीज होती है, जो पाठकों को कोई समाचार पढ़ने के लिए बाध्य करता है। लिहाजा हमें कोई भी हेडिंग लगाने के लिए शब्दों के चयन पर विशेष ध्यान देना चाहिए।

समाचारपत्रों का प्रारूप ही बदल गया है। बदल रहा है। पहले अखबार न तो रंगीन होते थे और न दर्शनीय ही, पर अब स्थितियां बदल रही हैं। साथ ही सोच भी बदल रही है, पाठकों की। लिहाजा अब पेज भी सुंदर दिखते हैं। पहले तो ऐसा नहीं ही था। समाचारपत्र सुंदर तो तभी दिखेंगे, जब उसमें हेडिंग सुंदर ढंग से लगाए गए हों। लिहाजा हेडिंग लिखते समय हमें थोड़ा सतर्क भी रहना चाहिए।

हालांकि अच्छी हेडिंग लगाना कोई सहज कार्य, सरल कार्य नहीं है। अखबारों में हमें हेडिंग दूसरे ढंग से लगाने होते हैं और मैगजीन में दूसरे ढंग से। दोनों में ढंग पूरी तरह से बदला हुआ होता है। लिहाजा हमें ऐसे शीर्षक लगाने चाहिए, जिसमें समाचार का सार नजर आ जाए। उसमें लिए गये शब्द समाचार को सीधे-सीधे बयान कर दें। उलझाव वाला, भ्रमित करनेवाला और द्विअर्थी शब्दों से हम कतई अच्छा शीर्षक नहीं बना सकते हैं।

अच्छा हेडिंग बनाना कला है या फिर विज्ञान। हालांकि यह है बहस का विषय, पर यदि हम इसे दोनों ही मान लें, तो ज्यादा ठीक रहेगा। वैसे शीर्षकों में हमें यह भी ध्यान रखना होता है कि कहीं से भी किसी का भी अपमान ना होने पाए। वर्ग द्वेष न पनपे, वर्ग संघर्ष न हो आदि, आदि। शीर्षक ऐसे होने चाहिए जो पाठकों को सीधे-सीधे संदेश दे दें। उसमें उपदेश या डराने-धमकाने वाली जैसी बातें भी नहीं ही होनी चाहिए। हेडिंग में चुने जानेवाले शब्द या हेडिंग की स्टाइलों से ही पता

चलने लगता है कि अखबरा कैसा है? वैसे भी कभी-कभी तो हेडिंग का स्टाइल ही यह बता देता है कि यह कौन-सा अखबार है। समाचारपत्र है।

दरअसल, अच्छे शीर्षक बनाना भी एक कला है। शीर्षक या हेडिंग के मुख्यत: तीन तत्त्व होते हैं जिनका यदि कुशलता से उपयोग किया जाए, तो हेडिंग अच्छी और सुंदर लग जाती हैं। ये हैं—समाचार भाव, शब्द तथा शब्दों का जमाव। इन तीनों को समझ कर ही हेडिंग के काम में आगे बढ़ा जाए, तो श्रेयस्कर होगा।

यदि समाचार भाव अथवा समाचार का सार ठीक से न समझा जाए, तो हम उस समाचार को समझ ही नहीं पाएंगे। समाचार सार के लिए उस पूरे समाचार की कथा-दृष्टि क्या है, इसे समझें और उस कथा-दृष्टि के आधार पर सार का बोध यथासंभव सीमित शब्दों में लिखें। इसे फिर निश्चित आकार क्रम में बदलें। इसके लिए समाचार को एक या अधिक बार समझना-पढ़ना जरूरी होता है। मतलब साफ है, जब आप समाचार समझ पाएंगे, तभी तो हेडिंग लग पाएगी, वरना आपका उस तथाकथित समाचार का संपदान करना भी व्यर्थ हो जाएगा।

इसी तरह से समाचार सार तथा कथा-दृष्टि को समझकर उसे व्यक्त करने वाले शब्दों का चयन किया जाना चाहिए। ऐसे शब्दों को चुनते समय उनकी अर्थवत्ता का भी पूरा ध्यान रखना चाहिए। ऐसा न हो कि शब्द अर्थ तो देते हों, पर वे इतने कम प्रचलित हों कि जिसका मतलब या अर्थ जानने के लिए शब्दकोश या डिक्शनरी का सहारा लेना पड़े। मात्र शब्द-चयन से ही प्रभाव पूरा नहीं हो जाता। शब्दों को रखने के क्रम से भी भाव या तेवर में अंतर आता है। प्रभाव दिखने लगता है। शीर्षक या हेडिंग भी कई प्रकार के होते हैं, जैसे एक कॉलम की हेडिंग, दो कॉलम की हेडिंग, तीन कॉलम की हेडिंग, बॉक्स हेडिंग, विलोम सोपानी, आयताकार, पताका या बैनर का हेडिंग आदि।

कुछ विद्वानों का मत है कि हेडिंग लगाना कला भी है और विज्ञान भी, यानी दोनों है। शब्द या अक्षर के आकार श्रेणियों (प्वाइंट साइज) को ध्यान में रख हेडिंग लगाई जाती है। कितने कॉलम में कितने अक्षर आएंगे, यह भी हमें काम करते-करते याद हो जाता है, लेकिन जब से कंप्यूटर पर काम शुरू हो गया है, उसमें यह सब याद ही नहीं किया

जाता। पेज बनाते समय प्वाइंट साइज मार्क करते चले जाइए। हेडिंग सेट हो जाएगा। हां, प्वाइंट साइज समाचार के महत्त्व के हिसाब से तय हो जाता है। पहले कि तरह नहीं अब होता है कि मेन लीड के हेडिंग का प्वाइंट साइज 72 प्वाइंट का ही होगा। अब तो कंप्यूटर पर ही प्वाइंट साइज तय हो जाता है।

कुल मिलाकर यह कहा जा सकता है कि शीर्षक या हेडिंग के खेल में जो उप संपादक, समाचार संपादक आदि अनुभवी हो जाते हैं। उनकी बाजार में डिमांड भी बहुत होती है। आइए हम आपको कुछ विशिष्ट प्रकार की खबरों पर लगाई गई हेडिंग से परिचय करवाते हैं, जैसे–

बिहार में फिर 'लटकल' असेंबली!

पटना (भाषा)। बिहार विधानसभा चुनाव के मतदान का पहला स्टेज मंगलवार को अपेक्षाकृत शांतिपूर्ण माहौल में पूरा हो गया। इसके साथ ही राज्य के 57 विधानसभा क्षेत्रों में 541 उम्मीदवारों के भाग्य का फैसला इलेक्ट्रॉनिक वोटिंग मशीनों में बंद हो गया है। वैसे, हमेशा की तरह इस बार भी टीवी न्यूज चैनलों ने एग्जिट पोल के जरिए यह पता लगाने की कोशिश की है कि मशीनों में क्या बंद हुआ है। एग्जिट पोल में त्रिशंकु विधानसभा की आशंका जताई गयी है।

45 प्रतिशत मतदाताओं ने मंगलवार को अपने मताधिकार का प्रयोग किया। बिहार के उग्रवाद प्रभावित क्षेत्रों में केंद्रीय अर्द्धसैनिक बलों और बिहार पुलिस के 90 हजार जवानों और अधिकारियों को तैनात किया गया था। औरंगाबाद जिले में बूथ लूटने की कोशिश कर रहे लोगों पर पुलिस ने गोली चलाई, जिसमें महेंद्र सिंह नामक व्यक्ति की मौत हो गई। मतदान शुरू होने से पहले नवादा जिले के वारसलीगंज विधानसभा क्षेत्र में अज्ञात बंदूकधारियों ने सीपीआई माले के एक कार्यकर्ता मुसाफिर पासवान को गोली मारकर हत्या कर दी। सरकारी सूत्रों का दावा है कि इस हत्या का चुनाव से कुछ लेना-देना नहीं था। इसके अलावा जमुई तथा नवादा जिले में हल्की झड़पों की सूचना मिली है। नवादा में हुई झड़पों में 10 लोगों के घायल होने की सूचना है। मतदान में बाधा डालने के आरोप में पांच उम्मीदवारों समेत करीब 100 लोग गिरफ्तार किए गये।

नोट : 18 अक्टूबर 2005, को बिहार के चुनावों का प्रथम चरण संपन्न हो गया। एग्जिट पोल में किसी भी दल को बहुमत नहीं मिलने की बात की गई। इसी का लाभ उठाकर नवभारत टाइम्स, दिल्ली के अगले दिन के संस्करण में यह समाचार मेन लीड (बैनर) बना। 'हंग' असेंबली की जगह 'लटकन' असेंबली लिखकर इस खबर को उस दिन खूब लोकप्रियता मिली। बधाइयां।

आज से है गांगुली का 'टेस्ट' मैच

पूर्व क्षेत्र और उत्तर क्षेत्र के बीच दिलीप ट्राफी मैच में
साबित करेंगे फिटनेस और तलाशेंगे फॉर्म

राजकोट (प्रे.ट्र.)। सारी निगाहें एक ही शख्स पर हैं। बाएं हाथ के इस बल्लेबाज के पास यहां पाने और खोने के लिए बहुत कुछ है। चोट से उबरकर फॉर्म की तलाश में सौरभ गांगुली जब यहां पूर्वी क्षेत्र के लिए उतरेंगे, तो पूरा क्रिकेट विश्व उनके प्रदर्शन पर निगाह गड़ाए होगा। गुरुवार से उत्तरी क्षेत्र के खिलाफ शुरू हो रहा दिलीप ट्रॉफी का यह मुकाबला आम घरेलू मैच से कहीं ज्यादा है। असल में यह घरेलू मुकाबला महाराज के लिए टेस्ट मैच की तरह है।

टेनिस एलबो के कारण चैलेंजर ट्रॉफी में नहीं खेल पाए गांगुली को क्रिकेट बोर्ड के डॉक्टर अनंत जोशी और टीम फिजियो जॉन ग्लोस्टर ने कल मुंबई में फिट घोषित किया है। गांगुली ने अपने साथियों के साथ आज सुबह अभ्यास किया। कप्तानी से हटाए गये गांगुली के लिए यह मैच बेहद अहम है। वह श्रीलंका के खिलाफ एक दिवसीय टीम में स्थान पाने की कोशिश करेंगे। चोट के कारण उनके नाम पर पहले दो एक दिवसीय मैचों के लिए चर्चा नहीं हुई। गांगुली ने कहा, 'सत्र में यह मेरा पहला घरेलू टूर्नामेंट है। मैं इसमें अच्छे प्रदर्शन की कोशिश करूंगा। यह विकेट हमेशा बल्लेबाजी के लिए बहुत अच्छा रहा है। कुछ अंतरराष्ट्रीय और कुछ घरेलू मैचों में बड़े स्कोर इस बात के सबूत हैं।' गांगुली के अलावा पूर्वी क्षेत्र की टीम रोहन गावस्कर पर निर्भर रहेगी।

सलामी बल्लेबाज शिव सुंदर दास, अरिंदम दास और ऑलराउंडर लक्ष्मी रतन शुक्ला विकेट कीपर दीप दास गुप्ता के साथ बल्लेबाजी की कमान संभालेंगे। उत्तरी क्षेत्र के कप्तान दिनेश मोंगिया के पास कई

प्रतिभाशाली बल्लेबाज हैं, जैसे रवनीत रिकी, शिखर धवन, यशपाल सिंह और पंकज धरमाणी। लेकिन टीम को युवराज सिंह और हरभजन सिंह की सेवाएं नहीं मिल सकेंगी। वे श्रीलंका के खिलाफ पहले दो एकदिवसीय मैचों के लिए भारतीय टीम का हिस्सा हैं। उत्तरी क्षेत्र की गेंदबाजी अपने विपक्षियों से बेहतर दिखती है। खासतौर पर मध्यम तेज गेंदबाज। विक्रम राजवीर सिंह की रफ्तार लोग चैलेंजर ट्रॉफी में देख चुके हैं। अमित भंडारी और जोगिंदर शर्मा का अनुभव उनके साथ होगा।

टीमें-पूर्वी क्षेत्र : सौरभ गांगुली (कप्तान), लक्ष्मी रतन शुक्ला, अरिंदम दास, रोहन गावस्कर, संजीव सत्यपाल, एस.एस. पॉल, रणदेव बोस, मनोज तिवारी, एस.एस. दास, निरंजन बेहरा, दीप दास गुप्ता (विकेट कीपर), एस.एस. राव, शाहबाज नदीम, वसंत सरवन और सुजीत रॉय। **उत्तरी क्षेत्र:** दिनेश मोंगिया (कप्तान), रवनीत रिक्की, पंकज धरमाणी (विकेट कीपर), गगनदीप सिंह, वी.आर.वी. सिंह, अमित भंडारी, शिखर धवन, सनी सिंह, सरनदीप सिंह, जोगिंदर शर्मा, अमित मिश्रा, यशपाल सिंह, मनविंदर बिसला, संग्राम सिंह और विशाल भाटिया।

दिलीप ट्राफी के आंकड़े

पारी में उच्चत स्कोर– 868 उत्तर क्षेत्र-पश्चिम क्षेत्र, भिलाई 1987-88

पारी में न्यूनतम स्कोर– 48 उत्तर क्षेत्र-दक्षिण क्षेत्र, चेन्नई, 1961-62
48 पूर्वी क्षेत्र-दक्षिण क्षेत्र, कोलकाता, 1968-69

व्यक्तिगत उच्चतम स्कोर–320 रमन लांबा, उत्तर क्षेत्र-पश्चिम क्षेत्र भिलाई 87-88

सर्वाधिक रन–2265 रन 25 मैचों में विक्रम राठौर, उत्तर क्षेत्र

पारी में सर्वश्रेष्ठ गेंदबाजी–10-46 देवाशीष मोहंती, पूर्वी क्षेत्र-दक्षिण क्षेत्र।

मैच में सर्वश्रेष्ठ गेंदबाजी–14-91 देवाशीष मोहंती, पूर्वी क्षेत्र-दक्षिण क्षेत्र, अगरतला 2000-01

सर्वाधिक विकेट–115 विकेट 27 मैचों में नरेन्द्र हिरवानी मध्य क्षेत्र।

नोट : इस प्रकाशित समाचार का मर्म यह है कि दो दिन पहले ही सौरव गांगुली को भारतीय क्रिकेट टीम के कप्तान के पद से हटा दिया गया था। अब वह शारीरिक रूप से तो फिट घोषित कर दिए गये हैं पर फॉर्म में नहीं हैं। लिहाजा उन्हें घरेलू मैचों में 'टेस्ट' देने होंगे, ताकि यह

देखा जा सके कि वह खेलने के लायक हैं या नहीं। यह उसी कड़ी का समाचार है, जो 20 अक्टूबर, 2005 को दैनिक हिन्दुस्तान (दिल्ली) के खेल पृष्ठ पर छपा था।

उत्तर भारत की जेलों में जंगलराज

● सोनीपत में हमला कर कैदी छुड़ा ले गए

● खीरी में कैदियों की बगावत, पेड़ पर चढ़े

सोनीपत। जिला कारागार में बंद कुख्यात मनोज के साथियों ने बुधवार सुबह 11.30 बजे जेल पर हमला बोल दिया। बदमाशों ने मेन गेट पर तैनात सुरक्षाकर्मियों पर ताबड़तोड़ चाकुओं से हमला किया और मनोज समेत तीन कैदियों को छुड़ा लिया। इसके बाद बदमाश कार तथा मोटरसाइकिल पर सवार होकर फरार हो गए। घटना में चार सुरक्षाकर्मी घायल हुए हैं। सुरक्षाकर्मियों ने मौके पर ही एक महलावर को दबोच लिया। दो कैदी और एक अन्य हमलावर बाद में पकड़ा गया।

जेल से निकल कर भाग रहा कुख्यात मनोज एक सुरक्षाकर्मी की राइफल की संगीन लगने से घायल हो गया था। सुरक्षाकर्मियों ने थोड़ी ही दूरी पर मनोज और उसे छुड़वाने आए बलराज को दबोच लिया। पुलिस ने थोड़ी ही देर बाद महलाना रोड पर एक अन्य बदमाश को दबोच लिया मगर उसका एक साथी भागने में सफल हो गया। दोनों ओर से हुई फायरिंग में एक कैदी घायल हो गया। उधर, घायल सुरक्षाकर्मियों को सामान्य अस्पताल में भरती कराया गया जहां तीन की गंभीर हालत को देखते हुए पीजीआई, रोहतक के लिए रेफर कर दिया गया। बताया जाता है कि पुलिस ने जेल पर हमला करने आए कई बदमाशों को पकड़ा है, मगर उसकी पुष्टि नहीं हो पाई थी। घटनाक्रम के अनुसार बुधवार सुबह जिला कारागार के मुख्य गेट पर कैदियों से मिलने के लिए उनके परिजनों तथा परिचितों की भीड़ लगी हुई थी। कुख्यात मनोज लड़सौली से मिलने के लिए उनके गांव का बलराज भी आया हुआ था। मुलाकात का समय खत्म होने के बाद करीब साढ़े ग्यारह बजे वह गेट से बाहर निकल गया। मुख्य गेट से बाहर आने के बाद उसने संतरी से कहा कि मनोज को फलों की टोकरी देनी है। इस पर संतरी ने मुख्य गेट की खिड़की खोल कर उसे अंदर बुला लिया।

● खीरी में कैदियों की बगावत, पेड़ पर चढ़े

लखीमपुर खीरी। जिला जेल में उत्पीड़न और घटिया खाना दिए जाने से त्रस्त दर्जन भर कैदी बुधवार को आत्महत्या के इरादे से पेड़ पर चढ़ गए। सूचना मिलने पर मौके पर पहुंचे ए.डी.एम. ने जब बंदियों की समस्या सुन उसका निवारण कराने का आश्वासन दिया तो करीब छह घंटे बाद बंदी पेड़ से नीचे उतरे। प्रमुख सचिव (जेल) जगजीत सिंह के निर्देश पर डी.आई.जी. (जेल) एस.पी.एस. पुंडीर भी लखनऊ से देर शाम खीरी के लिए रवाना हो गए। प्रभारी जिलाधिकारी राजमणि यादव ने घटना की मजिस्ट्रेटी जांच के आदेश दिए हैं।

सुबह साढ़े छह बजे बैरक खुलने पर कैदियों की गिनती शुरू की गई तो चार कैदी कम थे। बाद में पता चला कि बैरक नंबर एक और दो के चार बंदी बैरक नंबर एक के अहाते में स्थित पीपल के विशाल पेड़ पर चढ़ गए हैं। सूचना मिलते ही जेलर मौके पर पहुंचे और उन्होंने पेड़ पर चढ़े बंदियों को उतारने के लिए बैरक नंबर एक को खाली कराने का आदेश दिया। इसी बीच और आठ बंदी पेड़ पर चढ़ गए। पेड़ पर चढ़े बंदी जोर-जोर से चीखने-चिल्लाने लगे। इससे जेल गेट के आसपास भीड़ जमा हो गई। बंदी डिप्टी जेलर ओपी कटियार पर उत्पीड़न करने, मानक के अनुसार खाना न देने, मिलाई और बैठाई के नाम पर बंदियों और उनसे मिलाई करने आने वालों से सुविधा शुल्क वसूलने का आरोप लगा रहे थे। बंदियों का कहना था कि जेल प्रशासन संपन्न लोगों को जेल में मोबाइल और अन्य सुविधाएं भी मुहैया कराता है, जबकि आम बंदियों का उत्पीड़न होता है। पेड़ पर चढ़े सभी बंदी अपने हाथ में अंगोछा लिए थे। वे जबरन नीचे उतारने और मांग पूरी न होने पर कूद कर अथवा फांसी लगाकर आत्महत्या करने की धमकी दे रहे थे।

नोट : अमर उजाला के दिल्ली संस्करण में 20 अक्टूबर, 2005 को यह समाचार छपा है। दो खबरों को अलग-अलग लगाकर इस खबर को अति महत्त्वपूर्ण बना दिया गया है। वैसे इन दिनों अमर उजाला की लेखन शैली, हेडिंग और संपादन-सभी दिशा में अच्छा काम कर रहा है।

भाजपा की पाती कैसे लगती हैं मीडिया के हाथ

नई दिल्ली। उमा भारती द्वारा राष्ट्रीय स्वयंसेवक संघ प्रमुख कुप्प सी सुदर्शन को लिखे पत्र में भाजपा में तेजी से बढ़ रही पत्र-राजनीति एक बार फिर चर्चा में आ गई है। पिछले एक वर्ष में यह ऐसा ग्यारहवां पत्र था जिसने हिंदुत्व की झंडाबरदार पार्टी में हलचल मचाई। मजे की बात है कि इनमें से अधिकतर पत्र अपने गंतव्य तक पहुंचने से पहले ही मीडिया तक पहुंच गई।

इनमें से चार पत्र तो स्वयं उमा भारती ने पार्टी अध्यक्ष लाल कृष्ण आडवाणी को लिखे जबकि दो पत्र दिल्ली के पूर्व मुख्यमंत्री मदन लाल खुराना ने आडवाणी को प्रेषित किए। इनके अलावा राज्य सभा सदस्य प्यारेलाल खंडेलवाल ने भी दो, पूर्व भाजपा अध्यक्ष बंगारू लक्ष्मण और जना कृष्णमूर्ति और आर्थिक प्रकोष्ठ के पूर्व अध्यक्ष जगदीश शेट्टीगार ने भी इस दौरान एक-एक पत्र लिखकर चिट्ठियों की राजनीति में अपना योगदान दिया। पत्र-राजनीति में महत्वपूर्ण कारक होते हैं–प्रेषक, प्राप्तकर्ता, संदर्भ। लेकिन इनसे अलग सबसे महत्वपूर्ण बात होती है–पत्र मीडिया तक पहुंचना। अक्सर यह लेखक द्वारा ही लीक किया जाता है जबकि कुछ मामलों में प्राप्तकर्ता पत्र लीक करता है। एकआध मामले में पत्र लिखे ही जाते हैं लीक करने के लिए। साध्वी ने अपने ताजा पत्र की तीन प्रतियां बनाई थीं– सुदर्शन के अलावा एक-एक प्रति आडवाणी और सरकार्यवाह मोहन भागवत को भेजी। जब इस पत्र से सबसे अधिक नुकसान खुद लेखक को हुआ तो यह पता लगाना मुश्किल नहीं कि यह लीक कहां से हुआ। इससे पहले उमा ने पार्टी से निष्कासन के बाद पार्टी अध्यक्ष को जो पत्र लिखा वह मीडिया को आडवाणी के निवास से ही दिया गया था। गौरतलब है कि उनके लिखित में क्षमा-याचना करने के बाद ही उनकी पार्टी में वापसी हो सकी थी। यह बताना दिलचस्प है कि उमा का एक ऐसा पत्र भी हिन्दी की एक साप्ताहिक पत्रिका के पास पहुंच गया जो उन्होंने अध्यक्ष को भेजा ही नहीं। इसके लिए उमा ने उक्त पत्रिका के संवाददाता पर चोरी का आरोप लगाया।

नोट : दैनिक हिन्दुस्तान (दिल्ली) में छपी खबर भाजपा की चिट्ठियों को लेकर लिखी गई है। माहौल गर्म था, लिहाजा यह खबर भी हिट हो गई।

रन फॉर उमा में 80 एमएलए!

भोपाज (एजेंसियां)। बीजेपी आलाकमान पर मध्य प्रदेश में नेतृत्व परिवर्तन के लिए दबाव बढ़ गया है। पार्टी के 45 विधायकों ने रविवार को पूर्व मुख्यमंत्री उमा भारती से मुलाकात की। इन विधायकों में तीन मंत्री भी शामिल थे। वे सभी उमा के समर्थक माने जाते हैं। मुलाकात के दौरान क्या बात हुई, इसका ब्यौरा नहीं मिल सका। उमा खुद मीडिया से दूर रहीं और समर्थकों के साथ बंद कमरे में चर्चा की। फिर भी माना जा रहा है कि बैठक में समर्थकों ने उमा से कहा कि वह ऐसी मुहिम चलाएं, जिससे फिर मुख्यंमत्री बन सकें।

गौर मंत्रिमंडल से हटाए जा चुके हरनाम सिंह राठौड़ भी वहां मौजूद थे। राठौड़ समेत बैठक में मौजूद कई लोगों ने बताया कि वे राज्य सरकार का नेतृत्व बदलना चाहते हैं। लेकिन मंडला से पार्टी के विधायक देवी सिंह सरयाम काफी मुखर रहे। उन्होंने पत्रकारों से कहा कि 80 विधायकों ने पार्टी अध्यक्ष लालकृष्ण आडवाणी को पत्र लिखकर विधायक दल की बैठक बुलाने की मांग की है, ताकि उमा को मुख्यमंत्री बनाया जा सके। उन्होंने यह भी आरोप लगाया कि गौर सरकार का कामकाज संतोषजनक नहीं है।

उधर, बीजेपी उपाध्यक्ष वेंकैया नायडू ने रविवार को जबलपुर में कहा कि नेतृत्व परिवर्तन के लिए विधायकों ने पार्टी के राज्य प्रभारी अरुण जेटली को प्रस्ताव भेजा है, लेकिन इस पर चर्चा नहीं हो सकी है। उमा भारती ने कहा कि उन्हें राठौड़ की बात के बारे में कोई जानकारी नहीं है कि नेतृत्व परिवर्तन के लिए पत्र भेजा गया है। उमा ने कहा, "मैंने पार्टी के प्रदेश अध्यक्ष शिवराज सिंह चौहान को ब्लैंक चेक थमा दिया है। वह सरकार और पार्टी को मजबूत बनाने के लिए जो कहेंगे, मैं करने को तैयार हूं।" क्या उनका समर्थन गौर को भी मिलेगा, इस सवाल पर उमा ने कहा, "वह सरकार ठीक ढंग से चलाएं... मेरा समर्थन उनके साथ है।"

इससे पहले खबरें आ रही थीं कि बिहार चुनाव के बाद मुख्यमंत्री पद से बाबूलाल गौर को हटाकर उमा की ताजपोशी की जा सकती है। वैसे, बीजेपी कह चुकी है कि गौर पद पर कायम रहेंगे। संघ प्रमुख के.एस. सुदर्शन को लिखे उमा के पत्र के मीडिया में लीक होने पर

पहले ही विवाद खड़ा हो चुका है। पत्र में कथित तौर पर संघ के सह सरकार्यवाह सुरेश सोनी की शिकायत की गई है। सुदर्शन रविवार को भोपाल पहुंचे। उमा भी जबलपुर में शनिवार को शुरू हुई प्रदेश कार्यसमिति की बैठक को बीच में छोड़कर रविवार सुबह यहां पहुंचीं। यह पूछे जाने पर कि क्या उन्होंने सुदर्शन से मिलने के लिए रविवार को समय मांगा, उमा भारती ने कहा कि उन्होंने संघ प्रमुख से मिलने का समय नहीं मांगा और न ही वह बार-बार मिलकर उनको परेशान करना चाहती हैं। सुदर्शन को लिखे अपने पत्र में उठे विवाद को दुर्भाग्यपूर्ण बताते हुए उन्होंने कहा कि वह इसे समाप्त करना चाहती हैं।

नोट : यह समाचार दिल्ली के नवभारत टाइम्स में प्रकाशित हुआ। चूंकि इन दिनों दिल्ली में मैराथन रेस का माहौल था, लिहाजा हेडिंग भी 'रन फॉर' के मोह जाल में फंसी रही।

हैरी पॉटर की जादुई घड़ी, जोड़ेगी परिवार की कड़ी

एनबीटी। कामकाजी लोगों के साथ कई बार ऐसा होता है कि घर के लोग इंतजार करते रह जाते हैं और कोई एक मेंबर अपने काम में व्यस्त रहने की वजह से यह बता नहीं पाता कि वह कहां है। लेकिन अब ऐसा नहीं होगा, क्योंकि जल्द ही एक ऐसी दीवार घड़ी आपके घर में भी होगी जो आपको यह बताएगी कि घर का कौन-सा मेंबर कहां है।

नामचीन सॉफ्टवेयर कंपनी माइक्रोसॉफ्ट के रिसर्चरों ने हैरी पॉटर के उपन्यासों में मौजूद जादुई घड़ियों से प्रेरणा लेकर यह घड़ी बनाई है। इसे 'वेयरअबाउट क्लॉक' का नाम दिया गया है और कंपनी फिलहाल इस मशीन का टेस्ट कर रही है। इस जादुई घड़ी की स्क्रीन में घर के मेंबरों के चेहरे के आइकॉन बने होंगे। उनके मोबाइलों के सिगनलों से कंप्यूटर को यह पता चलेगा कि वाकई वे हैं कहां। घड़ी पर आने वाला आइकॉन घर, ऑफिस, स्कूल या कहीं और की दर्शाने वाले घड़ी के रंगीन हिस्सों में घूमता रहेगा।

दरअसल, यह घड़ी उन परिवारों को ध्यान में रखकर बनायी गई है, जो अलग-अलग वक्त में घर से बाहर आते-जाते रहते हैं। ऐसे में उनके आपस में संदेश का आदान-प्रदान हास्यास्पद तरीके से फ्रिज के दरवाजे पर लिखी पर्चियों से होता है। हैरी पॉटर की किताबों में, उसके

एक दोस्त के घर में दादाजी की पुरानी घड़ी में घर के 9 मेंबरों में से हर एक के लिए खास सोने की सूई का उल्लेख है। इसमें से हर सूई खुद ही घर, काम, या स्कूल की ओर इशारा करा देती है।

एबीगेल सेलेन, माइक्रोसॉफ्ट के घरेलू तकनीकों को खोज करने वाली ब्रांच कैंब्रिज की कंप्यूटर मीडिएटेड लिविंग रिसर्च ग्रुप के सीनियर मेंबर का कहना है कि ऐसे बहुत से परिवार हैं जिसके 2 मेंबर काम करते हैं और जिनके घर आने का समय तक नहीं होता है। इस घड़ी में यह पता चलता रहेगा कि घर का मेंबर इस वक्त है कहां। आपको बस करना यह है कि अपने मोबाइल ऑन रखने हैं।

मोबाइल के हैंडसेट खुद ही सिग्नल छोड़ते हैं। जिसे नजदीकी बेस स्टेशन पकड़ लेगा और इसे इस बात से कोई मतलब नहीं होगा कि फोन का उपयोग किया जा रहा है या नहीं। आगे चलकर इसमें पब, शॉपिंग और गोल्फ घड़ी टेक्स्ट मेसेज भी रिसीव कर दिखा सकेगी। मसलन, एक कामकाजी मां अपने बच्चे या पति को अपने देर से घर लौटने और खाना ओवन में रख देने के बारे में मेसेज कर सकती है। यह मेसेज मां के चेहरे के आइकॉन के साथ दिखता रहेगा। ये सब तो ठीक है लेकिन हमारा अनुमान है कि अपने पतियों पर नजर रखने वाली शक्की बीवियों के लिए तो यह तोहफे सरीखा होगा।

नोटः हैरी पॉटर इन दिनों सारी दुनिया को अपनी आगोश में लिए है। बढ़िया स्टाइल का समाचार है। संपादन भी बढ़िया है और शीर्षक तो लाजवाब है। कवित्त शैली के हेडिंग भी चार चांद लगा देते हैं, जैसा कि इस समाचार में है।

अब 10वीं के बाद सी.ए. का रजिस्ट्रेशन

नई दिल्ली। चार्टर्ड अकाउंटेंसी (सी.ए.) का कोर्स करने के इच्छुक छात्र अब 10वीं पास करने के बाद ही अपना रजिस्ट्रेशन करा सकते हैं। साथ ही यह कोर्स कम से कम 4 साल में पूरा किया जा सकेगा। जबकि पाठ्यक्रम के दौरान प्रेक्टिकल ट्रेनिंग (व्यावहारिक प्रशिक्षणों) तीन साल की बजाय साढ़े तीन साल की होगी। सी.ए. कोर्स के नए अवतार की यह एक बानगी है। अंतरराष्ट्रीय चुनौतियों का सामना करने और सी.ए. कोर्स को विश्वस्तरीय बनाने के प्रयासों के तहत इंस्टीट्यूट ऑफ चार्टर्ड एकाउंटेंट्स ऑफ इंडिया (आईसीएआई) ने सी.ए. कोर्स में

आमूलचूल बदलाव का फैसला किया है। संस्थान की परिषद ने मई, 2003 में सी.ए. कोर्स की समीक्षा के लिए एक उच्चस्तरीय समिति का गठन किया था। हाल ही में समिति ने सीए पाठ्यक्रम में व्यापक फेरबदल की सिफारिश की, जिसे परिषद ने मंजूरी दे दी है। बदलाव का मसौदा अब कंपनी मामलों के मंत्रालय में हरी झंडी के इंतजार में है। अगले सत्र यानी जून, 2006 से सी.ए. के इस नए कोर्स के लागू होने की संभावना है। इससे पहले सी.ए. कोर्स में तीन बार 1979, 1987 व 1998 में बदलाव किया गया था।

आईसीएआई के अध्यक्ष कमलेश विक्रम ने कहा कि नए बदलावों के साथ सी.ए. का कोर्स अब अंतरराष्ट्रीय स्तर का हो गया है। विक्रमसे ने कहा कि कोर्स पूरा करने का न्यूनतम समय भी अब कम हो जाएगा, अब विद्यार्थी चार साल में ही सी.ए. बन सकेगा।

नोट : यह समाचार 'अमर उजाला' के दिल्ली संस्करण में 18 अक्टूबर, 2005 को छपा है। यह हेडिंग और समाचार बिलकुल नई जानकारी देता है। ऐसे शीर्षकों को लोग पहले पढ़ना पसंद करते हैं।

ईमानदारी के पैमाने पर भारत फिर फेल

नई दिल्ली। सरकारी तंत्र में ईमानदारी के इतिहास में भारत को पास होने लायक नंबर भी नहीं मिले। उसे कुल दस में से 2.9 अंकों के साथ 88वें नंबर पर रखा गया है। श्रीलंका 3.2 अंकों के साथ 78वें स्थान पर है, जबकि पाकिस्तान को 144वें स्थान पर संतोष करना पड़ा है। नेपाल की स्थिति सुधरी है लेकिन बांग्लादेश इस बार भी आखिरी पायदान पर है।

बर्लिन स्थित ट्रांसपेरेंसी इंटरनेशनल द्वारा जारी अंतरराष्ट्रीय इंडेक्स में आइसलैंड को सबसे ईमानदार देश माना गया है। उसे कुल दस में से 9.7 अंक दिए गए हैं। भारत को तंजानिया, आर्मेनिया और मालदीव सहित आठ देशों के साथ 88वें स्थान पर रखा गया है। पिछले वर्ष भी इंडेक्स में भारत को 2.9 अंक ही मिले थे लेकिन तब दो स्थान और नीचे 90वां रैंक दिया गया था। लिहाजा मौजूदा स्थिति के भारत में भ्रष्टाचार की स्थिति में सुधार के रूप में नहीं देखा जा सकता, बल्कि अन्य देशों में स्थिति कुछ और खराब हुई है। इसी संस्था ने इस साल अगस्त में भारतीय राज्यों पर सर्वे के आधार पर सूचकांक बनाया था,

जिसमें केरल को सबसे कम भ्रष्ट और बिहार को सबसे ज्यादा भ्रष्ट राज्य बताया गया था।

ट्रांसपेरेंसी इंटरनेशनल की भारतीय शाखा ने मंगलवार को नई दिल्ली में ताजा इंडेक्स जारी किए। इसमें 159 देशों में सर्वे के आधार पर भ्रष्टाचार की स्थिति का आकलन किया गया है। इंडेक्स में शून्य से दस तक का पैमाना बनाया गया है, जिसमें दस का अंक सौ फीसदी ईमानदारी और शून्य का अंक सौ फीसदी बेइमानी को इंगित करता है। इंडेक्स में बांग्लादेश और चाड को 158वें पायदान पर रखा गया है। दोनों को 1.7 अंक दिए गये हैं।

नोट : यह भी नई जानकारी देने वाला समाचार है, जो 'अमर उजाला' में ही प्रकाशित हुआ है।

अफसर का वेतन स्वीपर से ज्यादा, ड्राइवर से कम!

नई दिल्ली (भाषा)। बिजली क्षेत्र की प्रमुख कंपनी नेशनल थर्मल पॉवर कॉर्पोरेशन (एनटीपीसी) में सफाई कर्मचारियों, ड्राइवर और ऐसे वर्ग के दूसरे कर्मचारियों को मिलने वाली सैलरी आईआईएम और आईआईटी से निकले पेशेवरों को भी ईर्ष्या हो सकती है। जी हां, एनटीपीसी के इन कर्मचारियों की सैलरी उतनी ही बैठती है, जितनी मल्टीनेशनल कंपनियां बिजनेस स्कूल के ग्रैजुएट्स को ऑफर करती हैं। कंपनी की सालाना रिपोर्ट में इस बारे में जानकारी दी गई है।

रिपोर्ट के मुताबिक एनटीपीसी में स्वीपर के रूप में काम कर रहे लाल बेनी ने स्कूल का मुंह तक नहीं देखा, पर उनकी सालाना सैलरी 8,68,146 रुपये है। इस हिसाब से एक महीने का वेतन 72 हजार रुपये के आसपस हुआ। कंपनी में हेल्पर के तौर पर काम कर रहे एक कर्मचारी सफल राम का सालाना वेतन 8,98,369 रुपये है। महीने के हिसाब से 74 हजार रुपये के आसपास। दिल थामे रहिए, क्योंकि ऐसे कर्मचारियों की लिस्ट यहीं खत्म नहीं होती है। रघुनाथ शर्मा ने चौथी कक्षा के बाद पढ़ाई छोड़ दी और यहां काम करने लगे। अब उनकी सालाना सैलरी 6.5 लाख रुपये है यानी 54 हजार रुपये के आसपास। एक और कर्मचारी प्रेम सिंह ने भी छठी तक पढ़ाई की है, लेकिन वह एक साल में 7,89,821 रुपये यानी 65 हजार रुपये महीने के आसपास

की रकम घर ले जाते हैं। एक ड्राइवर सतवीर सिंह ने आठवीं कक्षा के बाद पढ़ाई छोड़ दी और उनकी आमदनी 9,18,941 रुपये सालाना यानी 76 हजार रुपये महीने के आसपास है।

अब इसके ठीक उलट तस्वीर का रुख करते हैं। इसी कंपनी में डायरेक्टर के पद पर काम करने वाले आर.डी. कपूर जी इंजीनियरिंग ग्रेजुएट और एमबीए हैं, उनकी तनख्वाह 10,62,383 रुपये है यानी ड्राइवर सतवीर सिंह से कुछ ही ज्यादा। यही नहीं, कंपनी में डिप्टी जनरल मैनेजर के पद पर काम करने वाले डी.एन. राय ने एम.एस.सी. और पी–एच.डी. की उपाधि हासिल कर रखी है, लेकिन उनकी सैलरी सतवीर की सैलरी से आधी है। वह सालाना 5,21,903 रुपये कमाते हैं। कंपनी के एक वरिष्ठ ड्राइवर रुमाल सिंह का वेतन भी राय से कुछ हजार रुपये अधिक है।

अभी और सुनिए। 36 साल का एक्सपीरियंस और बी.एस.सी. इंजीनियरिंग की डिग्री भी कंपनी के चीफ एग्जेक्यूटिव ऑफिसर एस. एस. चक्रवर्ती को 8,79,658 सालना कमा कर दे रही है यानी कंपनी के ड्राइवर से कम और स्वीपर की सैलरी के आसपास। इन सैलरी में मेडिकल ट्रीटमेंट कराने का खर्च शामिल नहीं है। वह हर कर्मचारी अलग से लेता है। कंपनी का दावा है कि इन सभी कर्मचारियों में से कोई भी पब्लिक सेक्टर के किसी डायरेक्टर से संबंधित नहीं है।

नोट : यह समाचार हमें कुछ झंकाता है। नई जानकारी भी देता है। खबर का संपादन भी बढ़िया ढंग से किया गया है।

जान प्यारी है तो ये टीशर्ट पहनने का, क्या!

जान है, तो जहान है– यह बात भले ही पुरानी हो लेकिन सही है। दुनिया पर भूकंपों, समुद्री तूफानों, अन्य प्राकृतिक आपदाओं और आतंकवाद का साया इतना गहरा है कि आम लोगों के दिमाग में अपनी सुरक्षा की चिंता काफी गहरे तक पैठ गई है। उनकी चिंताओं को देखते हुए अब बुलेटप्रूफ टीशर्ट और जैकेट से लेकर बुलेटप्रूफ कंबल तक को उनके लिए डिजाइन किया जा रहा है।

इन दिनों न्यू यॉर्क के म्यूजियम ऑफ मॉडर्न आर्ट में आयोजित नुमाइश में ऐसे ही पहनावों व चीजों का प्रदर्शन किया जा रहा है। 16 अक्टूबर से 2 जनवरी, 2006 तक चलने वाली 'सैफ : डिजाइन

टेक्स ऑन रिस्क' नामक इस नुमाइश में किसी हमले, तूफान, भूकंप या दुर्घटना से सुरक्षा प्रदान करने वाले 300 किस्म की चीजों का प्रदर्शन किया गया है। नुमाइश के गेट पर एक प्लास्टिक शीट टंगी है जो तूफानी हवाओं के वक्त फैलकर किसी बड़े पैकिट जैसी हो जाती है और इंसान की जान बचाती है। फ्रांस में स्थित एक कंपनी ने बुलेटप्रूफ टीशर्ट का विचार पेश किया है और यह नुमाइश में आकर्षण का प्रमुख केंद्र है। एक जापानी कोट में 44 जेबें हैं जिसमें खाने-पीने की ढेरों चीजें और दवाइयां भरी जा सकती हैं। बैलेस्टिक नायलन से बना एक अमेरिकी बुलेटप्रूफ कंबल है जो बमबारी या गोलीबारी से बचा सकता है। काटन व मेटल को मिलाकर बनाई गयी कमीजें भी दर्शाई गई हैं जिन्हें पहनकर कोई भी गोलीबारी से अपने को हताहत होने से बचा सकता है। पहले इस तरह की चीजें ज्यादातर सेना से जुड़े लोगों के लिए थीं लेकिन अब इन्हें आम लोगों की जरूरतों को देखते हुए डिजाइन किया जा रहा है। इन चीजों को अमेरिका पर आतंकवाद के मंडराते खतरे व कैटरीना से हुई तबाही को देखते हुए भी जोर शोर से बनाया जा रहा है।

एक डिजाइनर ने बताया, "इस तरह के कपड़े भारी होने की वजह से लोगों को पसंद नहीं आते। इसी को ध्यान में रखकर हमने इस दफा लोगों को हमलों व आपदाओं से बचाने वाले हल्के कपड़े बनाए हैं।"

नुमाइश में साउथ अफ्रीका के एक डिजाइनर ने आंदोलनकारियों को पुलिस की ज्यादाती से बचाने वाले कपड़े भी पेश किए हैं। इसमें एक जैकेट है जिसे फुलाकर पुलिस के डंडों से बचाव किया जा सकता है। पुलिस की करतूतों की फिल्म बनाने के लिए एक कैमरा भी इसमें फिट है। नुमाइश में कपड़ों के अलावा खतरों में काम आने वाली जरूरी चीजें, जैसे बिना बैटरी वाला रेडियो, हर मौसम में बजने वाली सीटी और भूकंप के वक्त खुलकर मजबूत टेंट में बदल जाने वाली टेबल भी मौजूद है। नुमाइश के आयोजकों में से एक पाओल अंटोनेली ने ऐसी नुमाइश की जरूरत पर बल देते हुए कहा, 'कुछ वक्त पहले आई कैटरीना विपदा, पाक में भूकंप, बुरी मानवीय परिस्थितियों, आस्ट्रेलिया में सूरज की किरणों से बचाव जैसी वजहों से मानना होगा कि हर किसी पर हर जगह खतरे हैं।'

नोट : हालांकि इस समाचार का हेडिंग और समाचार लिखने का ढंग

फीचर स्टाइल का है, पर यह पढ़ा गया है बहुत। ऐसी हेडिंगों पर ज्यादा काम करने की गुंजाइश होती है।

कृष्णमूर्ति हो सकते हैं पर्यवेक्षक

नई दिल्ली। देश के पूर्व मुख्य निर्वाचन आयुक्त टी.एस. कृष्णमूर्ति ने भारतीय क्रिकेट कंट्रोल बोर्ड (बीसीसीआई) के चुनाव पर्यवेक्षक का दायित्व संभालने के प्रस्ताव पर सहमति दे दी है। सुप्रीम कोर्ट बुधवार को सुनवाई के बाद कृष्णमूर्ति को पर्यवेक्षक बनाए जाने के सभी पक्षों के अनुरोध पर निर्णय करेगा।

बीसीसीआई चुनाव के सभी प्रतिस्पर्धी पक्षों ने आज सर्वसम्मति से कृष्णमूर्ति को पर्यवेक्षक बनाए जाने का फैसला किया। इस संबंध में एक प्रस्ताव भी सुप्रीम कोर्ट के समक्ष रखा गया। बाद में कृष्णमूर्ति ने कहा कि उन्हें बोर्ड के चुनव में पर्यवेक्षक का दायित्व निभाने से कोई गुरेज नहीं है लेकिन कोई आधिकारिक जानकारी नहीं मिलने तक वह कोई टिप्पणी नहीं कर सकते। जस्टिस बी.पी. सिंह तथा जस्टिस जी.बी. सिन्हा की खंडपीठ के समक्ष बीसीसीआई की ओर से पेश हुए वरिष्ठ अधिवक्ता के.के. वेणुगोपाल और सोली जे. सोराबजी ने कहा कि विवाद से जुड़े सभी विरोधी पक्ष कृष्णमूर्ति को बोर्ड के आगामी चुनाव में पर्यवेक्षक बनाए जाने पर एकराय हैं। चेन्नई के नेताजी क्रिकेट क्लब (एनसीसी) की ओर से वरिष्ठ अधिवक्ता हरीश साल्वे ने भी कोर्ट को बताया कि एनसीसी और राजस्थान तथा बिहार के क्रिकेट संघों ने बीसीसीआई चुनाव के लिए पर्यवेक्षक के रूप में कृष्णमूर्ति के नाम पर सहमति प्रदान कर दी है। इस पर अदालत ने दोनों पक्षों से कृष्णमूर्ति से संपर्क करने और गुरुवार को उनकी राय से अवगत कराने को कहा। तब ही उनकी नियुक्ति की शर्तें व औपचारिकताएं तय की जाएंगी।

दरअसल राजस्थान तथा बिहार के क्रिकेट संघों और एनसीसी ने बीसीसीआई चुनाव में कोलकाता हाईकोर्ट के उस फैसले को चुनौती दी।

नोटः पिछले दिनों कोलकाता में भारतीय क्रिकेट कंट्रोल बोर्ड के चुनावों को लेकर खूब मारामारी हुई थी। अब समझौते की बारी है। इसके चुनाव अब भारत के मुख्य चुनाव आयुक्त की देखरेख में होंगे। नयी जानकारी वाला समाचार है ये।

●●●

9

कंप्यूटर पर ही संपादन

पत्रकारिता के क्षेत्र में इस कदर बदलाव हो रहे हैं कि पूछिए मत। पहले जैसी बातें तो अब न तो होती ही हैं और न ही दिखती हैं। 20 साल पहले अखबार के दफ्तर में एक बड़ी मेज के बीच में मुख्य उपसंपादक महोदय विराजमान रहते थे। अगल-बगल उपसंपादक बैठते थे। बगल में टेली प्रिंटर खड़बड़-खड़बड़ बोला करते थे, शोर भी बहुत होता था। अब ऐसा नहीं है, क्योंकि जमाना कंप्यूटर युग का जो है।

पहले तो कागज और कलम का ही इस्तेमाल होता था, लिहाजा कार्यालयों में इधर-उधर कागज बिखरा ही पड़ा रहता था। अब ऐसा नहीं है। पहले चूंकि टेलीप्रिंटर युग था। उधर से भी खबरें कागजों पर ही उकेरी हुई होती थीं। संवाददाता या ग्रामीण प्रतिनिधि भी कागजों पर ही लिखी ढेर सारी खबरें भेजते थे, लिहाजा हर तरफ कागज ही कागज दिखता था, बस।

मजे की बात तो यह देखने में आती थी कि यदि किसी रिपोर्टर की रिपोर्ट को उपसंपादक संपादित (एडिट) कर देता था, तभी कागज अजीब-सा दिखने लगता था, ऊपर से यदि उस पर मुख्य उपसंपादक महोदय या फिर डेस्क इंचार्ज कलम चला देते थे, तो कागज दर्शनीय वस्तु बन जाता था।

यही नहीं, टेलीप्रिंटर से आई खबरों में भी हमें तब कुछ ही उपयोगी दिखती थीं, बाकी अनुपयोगी खबरें फेंक दी जाती थीं। वहां कूड़े का ढेर-सा लग जाता था कागजों का। ये वो युग था जब सब तरफ से कागज और कलम चल रहे होते थे। अब कतई ऐसा नहीं है।

कागजों पर ही काम होता था, लिहाजा तब कंपोजिंग डिपार्टमेंट भी अलग ही होता था। पहले तो हाथ से कंपोजिंग होती थी। फिर लाइनो

आई और फिर आए कंप्यूटर ऑपरेटर। सालों तो कंप्यूटर ऑपरेटरों ने काम चलाया। कंपोजिंग के जमाने में उस व्यक्ति की सबसे ज्यादा पूछ होती थी, जो संपादकीय विभाग और कंपोजिंग विभाग के बीच की धुरी हुआ करता था। उसी धुरी वाले व्यक्ति की सबसे ज्यादा पूछ होती थी। वह यदि कोई खबर इधर-से-उधर कर देता था, तो पूरे विभाग में घंटों तमाशा होता रहता था। खैर, अखबार तो तब भी निकलता था और अब भी निकलता है।

कंप्यूटर की आमद ने यह पूरा-का-पूरा नजरा ही बदल कर रख दिया है। अब न तो कागजों की करकराहट ही सुनाई पड़ती है और ना ही पेजों की सरसराहट ही। न कंपोजिंग विभागवाली धुरी का शोर सुनाई पड़ता है और न ही भागम भाग वाला माहौल ही दिखता है। कंप्यूटरों के आ जाने से अखबार के दफ्तरों में होने वाला शोर लगभग शांत हो गया है। खामोशी का माहौल व्याप्त हो गया है।

अब समाचार डेस्क पर न्यूज डेस्क की शक्ल भी कुछ इस तरह बनती है कि मुख्य उपसंपादक (चीफ सब एडीटर) या समाचार संपादक (न्यूज एडीटर) की नजरें अपने सहयोगियों या अधीनस्थ काम करने वाले कर्मचारियों की हरकतों पर रहने की बजाय कंप्यूटर पर लगी रहती हैं। उसे अपने कंप्यूटर स्क्रीन पर ही अपने सहयोगियों का काम दिखने लगता है कि कौन-सा सहयोगी क्या गुल खिला रहा है। यही नहीं, वह कंप्यूटर पर काम देख कर संबंधित सहयोगियों को बताता रहता है कि उस खबर का ट्रीटमेंट कैसे करना है। बाद में उस खबर के हेडिंग आदि में समाचार संपादक कंप्यूटर पर ही सुधार भी कर डालते हैं। इस नई विधा के आने से भी पत्रकारिता के क्षेत्र में, विशेषकर संपादन के क्षेत्र में बहुत ही क्रांतिकारी बदलाव आए हैं। इसी को ही तो कहते हैं कंप्यूटर पर संपादन या फिर ऑन लाइन एडिटिंग। इस विधा के विकसित होने मात्र से ही पूरे संपादकीय विभाग का मानचित्र ही बदल गया है।

पहले हमें, चाहे एजेंसी हो या फिर हमारा संवाददाता, वह हमें खबरें कागजों पर ही लिख कर भेजता था। वह चाहे स्थानीय स्तर पर हों या कहीं बाहर से आनेवाली खबरें हों, वे आती थीं कागजों के माध्यम से

ही। बाद में यह प्रथा भी धीरे-धीरे बंद हो गई। बाद में यह प्रथा भी धीरे-धीरे बंद हो गई। बीच में टेलीफोन के माध्यम से भी खबरें लिखवाई जाती थीं। अब तो इंटरनेट, ई-मेल का जमाना आ गया है, लिहाजा खबरें भी कंप्यूटर के जरिए ही आती हैं।

समाचारों की यह आमद अभी भी उसी तरह ही औपचारिक है, जैसे पहले वह लिखित रूप से ही कागजों में ही आती थी। इधर संवाददाता ने खबर अपने मुखिया को भेजी नहीं कि उसे खट से पता चल गया कि यह समाचार किसका है। हां, इसका सीधा-सा असर यह हुआ है कि पहले रिपोर्टर डेस्क वालों पर अपना नाम मढ़ देते थे कि मैंने खबर पहले भेज दी थी। अब तो कंप्यूटर पर ही सीधे-सीधे दर्ज हो जाता है कि किस रिपोर्टर ने कौन-सी खबर कितने बजे भेजी है।

आज की तारीख में यदि किसी संपादक या समाचार संपादक से यह पूछा जाए कि आपके प्रोफेशन के लिए सबसे उपयोगी चीज क्या है, तो उसके जवाब में जनाब यही कहेंगे—इंटरनेट। आज सूचना जगत् में इंटरनेट, इनफॉरमेशन और कम्युनिकेशन एक दूसरे से इस कदर जुड़ गए हैं कि पूछिए मत। इनसे अलग होते या अलग रहने की तो कल्पना तक नहीं की जा सकती है क्योंकि आज की तारीख में आपको कहीं की भी खबर पलक झपकते ही मिल जाती है। साथ ही वहां की तस्वीरें भी तो आपको तत्काल मिल जाती हैं। इन्हीं सब का ही तो लाभ यह हो रहा है कि अब एक-एक देशी और विदेशी खबर के लिए बाजार में मारामारी हो रही है।

होता यह है ऑन लाइन एडिटिंग या कंप्यूटर पर संपादन में, समाचार या स्टोरी को अपने कंप्यूटर पर खोलते ही उसे संपादन करने वाला व्यक्ति सबसे पहले उस समाचार को पढ़ता है। उसे अब हैंडराइटिंग के खराब होने या ना होने के दौर से भी नहीं गुजरना पड़ता है। कंप्यूटर में आए मैटर को भी पढ़ने में सुगमता रहती है। आसानी रहती है। हस्तलिपि में काट-छांट करने का भी झंझट अब खत्म हो गया है। आज आपको जो कुछ भी करना है, कंप्यूटर पर ही करना है। उसी पर संपादन और उसी पर मगजमारी। बस। नो झिकझिक।

स्टोरी और उस समाचार को पढ़ने के बाद अनावश्यक या गैर जरूरी तथ्यों को उस रिपोर्ट से हटाया जाता है या डिलीट कर दिया जाता

है। जोड़ने वाली बातों को जोड़ा भी जा सकता है। यानी उप संपादक अब संपादक ही नहीं हुआ, वह प्रूफरीडर भी हो गया, संपादन तो वह करता ही है। साथ ही वह मैटर जोड़नेवाला यानी कंपोजिटर भी हो गया। तीन काम एक साथ यदि कोई कर सकता है, तो वह उपसंपादक ही है। ऐसे में जो उपसंपादक कंप्यूटर पर ही पेज भी बना लेते हैं तो चार आदमियों का काम करने में दक्ष हो जाते हैं यानी फोर इन वन।

इन सारे मामलों में कंप्यूटर भी आपकी पूरी मदद करते हैं। स्टोरी स्क्रीन पर आई नहीं कि आपको पता चला नहीं कि वह स्टोरी कितनी बड़ी है। कितने शब्दों की है। अतः तुरंत मन–मस्तिष्क में यह बात भी कौंधने लगती है कि उस स्टोरी का ट्रीटमेंट क्या करना है। उसे डीसी बनाना है या टीसी। डीसी मायने होता है डबल कॉलम और टीसी मायने तीन कॉलम।

साथ ही इंटरनेट की आमद ने तो आपको यह सुविधा भी दे दी है कि आप एक ही समय में तमाम एजेंसियों का भी जायजा ले सकते हैं। जायजा लेने के दौरान यदि आज के हत्थे कुछ विशेष तथ्य लग जाते हैं, तो आप उन तथ्यों को अपनी रिपोर्ट में समाहित करके उसे और अधिक उम्दा और सनसनी वाली बना सकते हैं। इसके लिए आपको अतिरिक्त श्रम भी नहीं करना पड़ता है। उस रिपोर्टर के उपयोगी अंशों को आप अपनी रिपोर्ट में कहीं भी जोड़ सकते हैं। बस, कॉपी कीजिए और जोड़ मारिए। काम समाप्त।

कंप्यूटर पर संपादन करने के बहुत फायदे हैं। मसलन, इस पर संपादन करते समय किसी भी खबर को आप चाहें तो कितनी ही बार कंप्यूटर पर ओपन कर सकते हैं और उस पर काम कर सकते हैं। उदाहरण के लिए एक खबर को आपने एडिट कर लिया है कि अचानक रिपोर्ट में कुछ चीजें जुड़वाना चाहता है। आप तुरंत उसकी रिपोर्ट को खोलकर वो तथ्य उसमें डाल देते हैं। फिर उसी के हिसाब से उस खबर की हेडिंग भी लगा सकते हैं। पहले यह संभव नहीं था। पहले जब जमाना हैंड कंपोजिंग का था, तब भी खबरों में ये पैबंद लगा करते थे, पर उन्हें दोबारा से कंपोज करवा कर लगवाना पड़ता था। ऐसे में यदि किसी खबर का जोड़ किसी दूसरी में लग जाता था, तब बहुत मुश्किल हो जाती थी। अब ये सब झंझट नहीं ही रह गया है।

कंप्यूटर में संपादन का एक फायदा हेडिंग और प्वाइंट में भी खेल खेलने को मिलता है। इसी खेल के जरिए ही तो हम अपनी संपादित खबरों को पेज पर अपने हिसाब से और खबरों की महत्ता (न्यूज वैल्यू) के हिसाब से पेज पर सजवा सकते हैं। महत्त्व दे सकते हैं। यह काम हम पेज छोड़ने से थोड़ा पहले भी कर सकते हैं। अंतिम वक्त तक पेज पर हम 'प्ले' कर सकते हैं। डेडलाइन कम होने के बावजूद हम यह कर सकते हैं, पहले ऐसा कतई नहीं था।

ऑन लाइन एडिटिंग की एक सुविधा यह भी होती है कि पूरी न्यूज एडिट होने के बाद भी आप यह देख सकते हैं कि यह खबर अंतिम समय पर नजर कैसी आएगी। यानी अखबार या पेज का अंतिम रूप कैसा होगा? इस अंतिम रूप में भी काफी कुछ बदलाव किए जा सकते हैं। ये सुधारवादी बदलावों ने भी तो हमारी संपादन-कला को काफी विकसित कर दिया है। तेज बना दिया है।

मान लीजिए, आपने हेडिंग कोई भी लगा दिया। अंतिम समय पर आपको लगा कि हेडिंग बदला जा सकता है और यह हेडिंग खेल कर देगा कल। बस यही सोचकर आप तड़ से हेडिंग बदल सकते हैं। पहले तो कंपोज कराओ, ये करो, वो करो। इसमें समय बहुत खराब होता था। अब ऐसा नहीं है। अब तो सीधे-सीधे कंप्यूटर ही सब काम करता है और समय बचाता है, बस।

कंप्यूटर पर काम करने वाले लोगों की एक-एक गतिविधि पर समाचार प्रमुख की नजर रहती है। वह अपने कंप्यूटर पर किसी भी सहयोगी के किसी भी काम पर पूरी नजर रख सकता है। यानी पूरे अखबार पर उसकी नजर रहती है कि कौन क्या कर रहा है? कैसे काम कर रहा है? और संपादन किस खबर का कर रहा है, इसका लाभ यह होता है कि उदाहरण के लिए आपने किसी समाचार का संपादन किया। समाचार संपादक ने उस खबर को अपनी स्क्रीन पर देख लिया। उसे यह लगा कि खबर में भाषा और तथ्य कुछ अबूझ टाइप के हैं, लिहाजा वह संबंधित उपसंपादक को बुलाकर समझा देता है कि अमुक खबर को इस-इस ढंग से संपादित कर लो और उसका हेडिंग ये कर लो, तो आपकी खबर ठीक हो जाएगी। यह सुविधा सिर्फ कंप्यूटर पर संपादन करते समय ही मिल पाएगी और मिल पाती भी है। पहले

कंपोजिंग के समय यह कभी भी संभव नहीं था। पहले तो खबरें अलग-अलग कागजों पर लिखकर आती थीं, लिहाजा जब कागज सामने आता था, तभी याद आती थीं बातें या उस रिपोर्ट के महत्त्वपूर्ण तथ्य। अब तो सब चीजें कंप्यूटर पर ही हैं। ध्यान रखें और सुधार करवा दें खबर में, बस।

कंप्यूटर पर संपादन करते समय न्यूज एजेंसियों की रिपोर्टों पर हमें थोड़ा ज्यादा एलर्ट रहना होता है। सतर्क रहना होता है, क्योंकि उसमें हेडिंग रिपीट होने का खतरा ज्यादा रहता है। लिहाजा अब उपसंपादक सबसे पहले नए हेडिंगों पर ही काम शुरू कर देते हैं। यह बहुत ही अच्छी बात है और काफी उत्साहवर्धक भी। पहले तो कंपोजिंग के समय हेडिंग बदलने के लिए अलग कागज पर लिख कर देना होता था। अब तो सीधे-सीधे कंप्यूटर पर ही गेम हो जाता है, बस।

अब तो एडिट की गई कॉपी को देख कर कोई भी नहीं समझ सकता है कि मूल रूप में वह कैसी रही होगी, क्योंकि कंप्यूटर पर तो काट-छांट दिखाई ही नहीं पड़ती है। पहले कागज पर हुआ संपादन साफ दिखता था कि उपसंपादक ने किया है संपादन या नहीं। अब नहीं नजर आ पाता। क्योंकि कंप्यूटर पर तो काट-छांट रहती ही नहीं है। कंप्यूटर पर तो सीधा काम होता है। संपादन करते जाइए, सेव करते जाइए। आपकी एडिट की कॉपी तैयार है। पेपर एडिटिंग जैसा रूप अब नहीं रहा है। न कागज पर लिखी खबर की कांट-छांट करनी है और न ही हेडिंग लिखकर उस पर प्वाइंट साइज ही मार्क करना है। अब तो कंप्यूटर पर हेडिंग लिख दो। प्वाइंट साइज पेज बनाते समय लग जाएगा। बस। न कोई झंझट, न कोई चिकचिक।

यही नहीं, उप संपादक की यदि किसी खबर में कुछ गड़बड़ी दिखती है या फिर उसे उक्त खबर महत्त्वपूर्ण नजर आती है, तो वह अपने बॉस को बता देता है कि इस नंबर या फाइल की खबर आप देख लीजिए। तब समाचार संपादक उस खबर को देखता है। उसमें यदि संशोधन की जरूरत हुई, तो कर देता है। यानी कुछ ही पलों में खबर छपने के लिए फिट हो जाती है। संशोधन या हेरफेर की इस प्रक्रिया में भी कोई ज्यादा वक्त नहीं ही लगता है। यह काम तो उपसंपादक समाचार संपादक को फोन पर बता कर ही करवा लेता है। बस, फाइल

खोलने की जरूरत पड़ती है। कभी-कभी तो समाचार संपादक कई मर्तबा एक ही फाइल से महज इसलिए जूझता रहता है ताकि उस खबर का कोई अच्छा-सा हेडिंग मिल जाए, बस।

ऑन लाइन एडिटिंग के वक्त प्रायः कुछ चीजों पर हमारा ध्यान कतई ही नहीं जा पाता है, लेकिन वे बातें चुपचाप रहकर भी हमें प्रभावित करती ही रहती हैं। कंपोज किए जाने वाले शब्द भी हमें चौंधियाते ही रहते हैं। तमाम शब्द हमसे दूर होते चले जाते हैं। सिर्फ और सिर्फ यही नुकसान है कंप्यूटर में संपादक का।

ऑन लाइन एडिटिंग या कंप्यूटर में किए गये संपादन का सबसे बड़ा फायदा यह होता है कि यदि कोई खबर आज नहीं लगी है, तो हम उस खबर को कल के लिए सुरक्षित कर सकते हैं। ऐसी खबरों को हम सेव कर बैंक नामक फाइल में डालकर रख देते हैं और उसे आने वाले कल के लिए सुरक्षित कर लिया जाता है। न खोने का झंझट और न ढूंढ़ने में दिक्कत। हां, इस तरह की खबरें वे ही ज्यादा होती हैं, जिनमें फीचर का टोन कुछ ज्यादा ही होता है।

यही बात हम तसवीरों को सुरक्षित करने के मामले में भी लागू कर सकते हैं। तस्वीरें भी बैंक में रख कर सुरक्षित की जा सकती हैं। उन्हें भी कल या निकट भविष्य में कभी भी इस्तेमाल करने के लिए सुरक्षित कर सकते हैं।

इस तरह का प्रेशर हम पर तभी आता है, जब विज्ञापन बढ़ जाता है और मैटर कम लगना होता है। त्योहारी मौकों पर इस तरह के बहुत ही झंझट खड़े होते रहते हैं। दशहरा और दीवाली के आसपास तो यह झंझट बड़ा विकराल रूप ही धारण कर लेता है। पर इसका सीधा-सा उपचार भी यही होता है कि मैटर सेफ करो। बैंक में डालो और कल के लिए मस्त हो जाओ।

कुल मिलाकर तो यही कहा जा सकता है कि कंप्यूटर पर संपादन या ऑन लाइन एडिटिंग के नुकसान तो कम हैं, और फायदे बहुत ज्यादा हैं। इससे कार्य क्षमता तो बढ़ती ही है, हेड लाइन भी काफी बढ़ती है। इसका सीधा-सा और पूरा फायदा आपको होता है। आपके अखबार को होता है, बस। न कोई हाय-हाय और न कोई किचकिच। सीधा काम, सच्चा काम, बस। ●●●

10

मेकअप एवं ले आउट

पत्रकारिता के क्षेत्र में पिछले सालों में तमाम तरह के और तमाम आकार के बदलाव हो चुके हैं और हो रहे हैं। इस दौरान अखबार श्वेत-श्याम से न सिर्फ रंगीन हुए, बल्कि आकार में भी तमाम तरह के बदलाव आए। पहले ऐसा नहीं था। तकरीबन 10 या 15 साल पहले आप किसी स्टाल पर चले जाइए, आपको उस स्टाल में तमाम साइजों में समाचारपत्र मिल जाया करते थे। इनके डिजाइन भी अलग-अलग होते थे। डिजाइन तो हर अखबार के अभी भी अलग-अलग होते हैं, पर साइज में काफी समझौते से हो गए हैं। डेली या दैनिक समाचारपत्रों का साइज या आकार लगभग एक-सा ही होता है। हां, साप्ताहिक या पाक्षिक अखबार का साइज मुख्य अखबार से थोड़ा भिन्न हो सकता है। वरना प्रतिदिन दिखनेवाले अखबारों का साइज लगभग एक-सा ही होता है। हां, डिजाइन या ले आउट उन समाचारपत्रों का जरूर भिन्न-भिन्न हो सकता है। साइज एक होने की मुख्य वजह यह है कि जिस तरह के कागजों में ये अखबार छपते हैं, उन कागजों के बंडल, जिन्हें अखबारी भाषा में रील कहा जाता है, उनका साइज एक समान ही बाजार में उपलब्ध रहता है। अब चूंकि रील ही एक साइज की मिलेगी, लिहाजा समाचारपत्र भी तो उसी साइज के ही प्रकाशित होंगे। यही वजह है एक समानता के अखबारों की, बस।

अब तो जमाना भी बहुसंस्करणों का है, लिहाजा तमाम कॉमन पृष्ठों का डिजाइन भी एक जैसा ही रहता है। वह समाचारपत्र चाहे मेरठ का हो या फिर वाराणसी का, उस अखबार के तमाम कॉमन पेज एक ही डिजाइन के होते हैं, जो मुख्यालय में बनवा कर तमाम संस्करणों में वी सेट (सेटेलाइट से)

या फिर मोडेम से भेज दिए जाते हैं। इससे अखबार की कीमत भी कम हो जाती है और श्रमशक्ति की भी तो बचत हो जाती है।

समाचारपत्रों में बड़ी तीव्र गति से विकास हुआ है टेक्नोलॉजी के हिसाब से, जैसे– पहले हाथों से मैटर की कंपोजिंग हुआ करती थी। फिर मशीन आई लाइनो टाइप, फिर इंटर टाइप। तत्पश्चात मोनोटाइप और लुडलो और उसके बाद फोटोटाइप सेटिंग का जमाना आ गया। टाइपराइटर कंपोजिंग का भी दौर आया और अब तो कंप्यूटर युग आ गया है। उसी में कंपोज करो, उसी में पेज भी बनाओ। वरना पहले मैटर को काटो, चिपकाओ का जमाना था। इसमें आदमी ज्यादा चाहिए होते थे। अब तो बहुत ही एडवांस स्टेज में पहुंच गई है अखबरों की तकनीक। एक ही व्यक्ति मैटर भी कंपोज कर लेगा। और वही व्यक्ति पेज भी बना लेगा। न हाय-हाय और न ही किचकिच।

किसी भी समाचारपत्र की उपयोगिता या महत्त्व उस समाचार पत्र का पहला पेज ही निर्धारित करता है। दरअसल, सच बात यह है कि जिस तरह से महिला का खूबसूरत चेहरा ही तो लोगों को आकर्षित करता है, उसी तरह से किसी अखबार की तरफ कोई पाठक यदि आकर्षित होता है, तो उसकी वजह होती है उसका सुंदर-सा दिखने वाला पहला पेज। दरअसल, किसी भी अखबार को सुंदर बनाता है उस अखबार का ले आउट या डिजाइन। लिहाजा आज कल सबसे ज्यादा जिस विधा पर इन दिनों काम हो रहा है, वह है अखबारों का दिन ब दिन बदलता प्रतिरूप। बदलती डिजाइन।

यही नहीं, किसी भी समाचारपत्र को उसके डिजाइन के लिए तो जाना ही जाता है। उसके शीर्षक, फोटोग्राफों के इस्तेमाल या पूरी नई स्टाइल के लिए भी पहचाना जाता है। कभी-कभी तो अखबारों की पहचान उसमें छपने वाले कार्टून की वजह से भी हो जाती है, जैसे टाइम्स ऑफ इंडिया को काफी ख्याति तो आर.के. लक्ष्मण के कार्टून की वजह से ही मिल जाती है। ऐसा अभी से नहीं, बल्कि सालों से ही होता आ रहा है। कुल मिलाकर यह भी कहा जा सकता है कि पहले पेज का बढ़िया प्रस्तुतिकरण किसी भी समाचारपत्र को काफी बुलंदियों तक पहुंचा सकता है। यदि इस कला का उम्दा इस्तेमाल किया जाता रहे, तो।

इसी तरह किसी भी अखबार का आईना होता है उस अखबार का संपादकीय पृष्ठ। संपादकीय पृष्ठ भी तो अखबार की पहचान होता है। लिहाजा इन दिनों कई अखबार अपने संपादकीय पृष्ठों में काफी सुधार करवा रहे हैं। नए डिजाइन से उन्हें बनवा रहे हैं। किसी भी समाचार पत्र के अंदर के पृष्ठों को भी यदि मजबूत और दमदार बना दिया जाए, तो उस अखबार की प्रसार संख्या काफी हो सकती है। अंदर छपनेवाले पृष्ठ होते हैं–खेल पेज, अर्थ-व्यापार, डेली फीचर और स्थानीय पृष्ठ। स्थानीय पृष्ठों में तो बेहतर खबरों के लिए रोज ही मारामारी होती रहती है। फिर भी यदि खेल, अर्थ और डेली फीचर पेजों को बढ़िया और दमदार बनाया जाए तो काफी माइलेज लिया जा सकता है। विशेषकर नई उम्र के लड़कों को स्पोर्ट्स पेज के जरिए जोड़ा जा सकता है।

इसी तरह मैगजीन और पत्रिकाओं का भी तो महत्त्व उनके डिजाइन और ले आउट के जरिए ही तो होता है। जिस मैगजीन का डिजाइन अच्छा होता है, वे मैगजीन भी काफी तीव्र गति से आगे बढ़ जाती है। वैसे यदि मैगजीन का पहला पेज ही उसकी काफी कुछ छवि का निर्माण कर देता है। इसीलिए कवर पेज को बढ़िया बनाए जाने के लिए काफी मारामारी होती ही रहती है।

पत्रकारिता के क्षेत्र में, एक जमाना यह भी था कि तब कंपोजिंग वगैरह हाथों से की जाती थी। हाथों से कंपोज करके पेज बना लिए जाते थे फर्मे के माध्यम से। फोटो के लिए अलग से ब्लॉक बनवाए जाते थे। पर अब ये सब नहीं ही होता है। हां, एकाध जगहों पर यह व्यवस्था कस्बों आदि में अभी भी लागू है। बाद में electronic phototype seting का जमाना आ गया।

पहले-पहले जब पेज वगैरह कंप्यूटर में नहीं बनते थे, तब हेडिंग लगाते समय काफी मगजमारी करनी पड़ती थी, क्योंकि तब याद करना पड़ता था कि कितने प्वाइंट के कितने शब्द एक कॉलम में आएंगे, तब उसी नाप-जोख के मुताबिक ही हमें हेडिंगें लगानी पड़ती थीं। जैसे समाचार पत्र के पहले पेज पर छपने वाली मुख्य खबर जिसे हम मेन लीड, बैनर कहते हैं में ज्यादा से ज्यादा 60 प्वाइंट की मोटाई वाले अक्षरों का इस्तेमाल कर सकते हैं। 6 प्वाइंट के तीन अक्षर ही एक कॉलम में आ पाते थे। यानी यदि हमें चार कॉलम में लीड फैलानी होती

थी, तो दो लाइनों में हमें 23 या 24 अक्षरों में ही अपनी बात कहनी पड़ती थी। अक्षर इससे कम तो हो सकते थे, पर ज्यादा नहीं।

इसी तरह 18 प्वाइंट के 10 अक्षर एक कॉलम में आते थे, तो 20 प्वाइंट के आठ। 22 प्वाइंट के सात अक्षर होते थे और 24 प्वाइंट के छह अक्षर आते थे एक कॉलम में। 36 प्वाइंट के चार अक्षर आते थे और 48 प्वाइंट के चार अक्षर। इन्हें मोटा-मोटी उपसंपादक तब याद कर लिया करते थे और खबर पर हेडिंग लगाते समय इसी को ध्यान में रखकर ही अपना खेल खेला करते थे। अब ऐसा नहीं है। अब तो पेज बनाते समय ही प्वाइंट घटा-बढ़ा कर ही खबर को सेट करा दिया जाता है। पहले मगजमारी ज्यादा करनी पड़ती थी। अब तो चीजें बहुत आसान हो गई हैं।

सामान्य रूप से यदि देखा जाए, तो अखबारों में तीन पालियों में ही काम होता है। प्रात:कालीन शिफ्ट, मध्य शिफ्ट और रात्रिकालीन शिफ्ट। पहले तो अखबारों में बिजनेस आदि को ज्यादा महत्त्व दिया जाता था। अब बिजनेस की डेस्क भी अलग से बनाई जाने लगी है।

इस समय अखबारों में सामान्यत: 14 या 16 पेज रखे जाते हैं। पहले 8 या 10 पेज का अखबार होता था। अब पहला, दूसरा और तीसरा पेज राष्ट्रीय और अन्तरराष्ट्रीय प्रमुख घटनाओं को समर्पित रहता है। पृष्ठ चार संपादकीय। पांच-छह-सात-आठ-स्थानीय खबरों के लिए। नौ स्थानीय आसपास। दस अन्तरराष्ट्रीय। पेज 11 फीचर पेज। पेज 12 खेल। पेज 13 बिजनेस। पेज 14 देश-परदेश। 15-16 आईना या क्लासीफाइड + बचत की खबरें। ये होता है आज के जमाने के अत्याधुनिक अखबारों में। 20 साल पहले पेज एक महत्त्वपूर्ण खबरों को समर्पित होता था। पेज दो बचत + अंतरराष्ट्रीय। पेज तीन खेल। पेज चार संपादकीय। पांच फीचर। छह-बिजनेस। सात और आठ लोकल खबरों के लिए, बस। हां, यदि पेज एक की अन्य पृष्ठों पर अति महत्त्वपूर्ण खबरों आने लगती थीं, तब उन्हें इधर-उधर के पन्नों में सेट करवा दिया जाता था। यह अधिकार शिफ्ट इंचार्ज (चीफ सब एडीटर) के पास होता था। उनके न रहने पर समाचार संपादक भी तो ये सब काम कर लिया करते थे।

पहले के जमाने में पेज का मेकअप करवाने, जिसे आज की भाषा में डिजाइनिंग या ले आउट तैयार करवाना भी कहते हैं, के लिए उप

संपादक ही जाते थे। मुख्य संपादक एक सादे कागज पर डिजाइन तैयार करके उसे दे देते थे और वह उपसंपादक उसी के आधार पर ही पेज का मेक अप करवा देता था। मेक-अप मतलब होता है—सजाना, संवारना, जैसे महिलाएं मेकअप करती हैं न। यह मेक-अप की उत्पत्ति वहीं से ही हुई है।

पहले सामान्यतया तीन तरह के पेजों का मेक-अप होता था, जिन्हें हम बैलेंस मेक-अप, ब्रेस्ड मेक-अप और सर्फस मेक-अप की संज्ञा देते थे। इसी तरह संपादकीय पेज का डिजाइन भी सामान्यतः एक ही तरह का होता था। हां, एकाध अखबारों ने उस जमाने में संपादकीय पृष्ठ को भी छह कॉलम में बांटा था। यह पृष्ठ देखने में बहुत ही अच्छा लगता था। यह कॉलम दिल्ली से निकलने वाले अखबार जनसत्ता में किया गया था। 1980 के दशक के मध्य में यह अखबार हिन्दी का सबसे ज्यादा बिकने वाला अखबार था। कीमत थी पचास पैसे मात्र।

पहले पेज में तमाम चीजों के अलावा कुछ ऐसी भी चीजें हैं, जो पारंपरिक रूप से नहीं बदली हैं, जैसे मास्ट हेड या मत्था, यहां अखबार का नाम होता है। संस्करण—कहां से यह अखबार छपता है, तारीख और कीमत। साथ में वह अखबार और भी कहां से प्रकाशित होता है, यह भी दे दिया जाता है। कुछ समाचार पत्र तो अपनी वेबसाइट का पता भी मास्ट हेड के किसी कोने में चस्पा कर देते हैं। बाकी तो तमाम खबरें होती ही हैं।

कुल मिलाकर यह कहा जा सकता है कि डिजाइनिंग के नाम पर पहले उतना काम नहीं किया जाता था, जितना कि अब किया जा रहा है। अब सारे समाचार पत्र अपनी खूबसूरती बढ़ाने के लिए बहुत-बहुत काम कर रहे हैं। यहां पर हम कुछ पेजों के नमूने दे रहे हैं, जो आप लोगों की काफी मदद कर सकते हैं।

●●●

11

अखबार के कोड वर्ड

किसी भी समाचारपत्र में काम करने के दौरान हमें तमाम ऐसे शब्दों से भी दो-चार होना पड़ता है, जो अखबार की भाषा में रोज ही प्रयोग में आते हैं। अखबारी भाषा के ये शब्द अखबार के दफ्तरों में तो बहुत ही लोकप्रिय हो चुके होते हैं, जैसे– डीसी, टीसी, बैनर, बॉक्स आदि। नए आदमी को ये शब्द बिल्कुल अजीब से लगेंगे, लेकिन जैसे-जैसे काम की गति बढ़ती जाती है, और लोग अनुभवी होने लगते हैं, उन्हें भी इस अखबारी भाषा के इन शब्दों को जानना भी पड़ता है और पहचानना भी पड़ता है। जैसे–

मास्ट हेड– समाचारपत्र का मत्था जहां पर अखबार का नाम छपता है, उसे मत्था या मास्ट हेड कहा जाता है। मास्ट हेड में ही अखबार के छपने का स्थान, तारीख तथा अखबार की कीमत भी लिखी होती है। साथ ही अखबार मास्ट हेड में ही यह भी लिख देते हैं कि अखबार के संस्करण और कहां-कहां से प्रकाशित होते हैं।

प्रिंट लाइन– समाचारपत्र के अंत में एक बॉक्स में या फिर नीचे पट्टी में प्रिंट लाइन छपती है, जिसमें मुद्रक, प्रकाशक एवं संपादक का नाम भी होता है और उस प्रेस का भी नाम छपता है, जहां से उक्त अखबार का प्रकाशन होता है।

प्रिंट आर्डर– यह पूर्ण रूप से गुप्त शब्द होता है क्योंकि इसमें अखबार की कितनी प्रतियां छपती हैं यही प्रिंट आर्डर होता है। यह संख्या सिर्फ सरकुलेशन मैनेजर और प्रोडक्शन मैनेजर को ही पता होती है कि किस दिन कितनी प्रतियां छपनी हैं।

शेड्यूल– यह मूलत: विज्ञापन का शब्द है। किस पेज में कितना विज्ञापन लगेगा, यह शेड्यूल ही कहलाता है। पेज बनने से पहले ही

विज्ञापन विभाग संपादकीय विभाग को शेड्यूल बना कर दे देता है कि किस पेज में कितना विज्ञापन है। संपादकीय विभाग के लोग उसी शेड्यूल के हिसाब से ही पेज बनवाते हैं।

डीसी– डीसी शॉर्ट फॉर्म है डबल कॉलम का। जिस खबर को हम डबल कॉलम यो दो कॉलम में छपवाना चाहते हैं, उसे डीसी कह देते हैं, पेज बनवाते समय।

डीसी बॉक्स– जिस डबल कॉलम खबर को बॉक्स बनवाना चाहते हैं, उसे डीसी बॉक्स कहते हैं।

टीसी– टीसी होता है तीन कॉलम। जिस समाचार को हमें तीन कॉलम में लगवाना होता है उसे टीसी कहते या उसी शीट पर लिख देते हैं।

टीसी बॉक्स– वह खबर जिसे तीन कॉलम में लिया जाए तथा बॉक्स भी बनवाया जाए।

डमी शीट– डमी शीट पर ही हमें पेज का डिजाइन बना कर देना होता है। उसी डिजाइन को आधार बना कर ही ऑपरेटर पेज बना देते हैं, सजा देते हैं।

महादेवा-या अवंतिका– आजकल प्रेस की तकनीक इतनी एडवांस हो गई है कि पूछिए मत। तमाम तरह के फांट (अक्षरों के डिजाइन) आ गए हैं, लिहाजा ऐसे में पेज को सुंदर बनवाने के लिए हम फांटों में बदलाव कराके उन्हें सुंदर, आकर्षक बना सकते हैं। महादेवा या अवंतिका फांट के ही नाम हैं।

न्यूज स्टोरी– समाचार को समाचारपत्रों में प्रायः न्यूज स्टोरी या स्टोरी या न्यूज (समाचार) कहा जाता है।

स्लग– लिखे गए समाचार, संपादित अथवा एजेंसी के समाचार पर उसके एक से अधिक भाग होने पर जो शीर्ष संकेत लिखा जाता है, उसे 'स्लग' कहते हैं।

प्रेस कॉपी– छपने के लिए जो समाचार अथवा सामग्री तैयार की जाती है, अर्थात् जिस सामग्री को कंपोज-टाइपसेट सेट के लिए दिया जाता है, उसे प्रेस कॉपी कहा जाता है। हालांकि कंप्यूटर आने से यह प्रथा समाप्त सी हो गई है।

डेड लाइन– समाचार अथवा सामग्री देने का अंतिम समय। इस समय के बाद दी जानेवाली सामग्री अथवा समाचार प्रकाशन के लिए नहीं लिया जाता।

बाई लाइन या क्रेडिट लाइन– समाचार के प्रारंभ में दिया जानेवाला संवाददाता का नाम अथवा पदनाम संकेत के लिए इस संज्ञा का प्रयोग किया जाता है।

कॉलम– समाचार-पत्र का पृष्ठ जितने खड़े खंडों में विभाजित होता है, उन्हें 'कॉलम' या स्तंभ कहते हैं। सामान्यतः समाचार-पत्र का पृष्ठ 8 कॉलम का होता है पर 7 अथवा 6 कॉलम के भी समाचार-पत्र हैं।

कैप्शन– तस्वीर, चार्ट, कार्टून, स्ट्रिप के साथ दी जानेवाली परिचय पंक्तियां या शीर्षक।

किल– किसी भी लेख या समाचार को रद्द करने का निर्देश।

इम्बार्गो– पूर्व प्रदत्त समाचार या सामग्री के साथ उसके प्रकाशन के संबंध में तिथि समय आदि की हिदायत।

लीड– प्रथम पृष्ठ पर प्रकाशित मुख्य समाचार लीड कहलाते हैं। सामान्यतः बाईं ओर सबसे ऊपर मोटे अक्षरों में दो-तीन कॉलम में छपा समाचार प्रथम लीड तथा दाहिनी ओर सबसे ऊपर मोटे अक्षरों में दो या अधिक कॉलम विस्तार में प्रकाशित समाचार द्वितीय लीड कहलाता है। नीचे तीन या चार कॉलम में प्रमुखता से छपा समाचार तृतीय लीड का स्टीमर कहलाता है।

एजेंसी समाचारों में पहले आए समाचार के बाद पुनः संपादित होकर आए समाचार के साथ भी 'लीड' शब्द का प्रयोग होता है।

छह ककार– रुडयार्ड किपलिंग ने समाचार रचना के लिए पांच डब्ल्यू तथा एक एच की अनिवार्यता निर्धारित की थी। इसे ही हिन्दी में छह ककार कहा जाता है।

कैरी ओवर– समाचार के शेष भाग को अन्य पृष्ठ पर देने का निर्देश।

डमी– समाचार-पत्र के किसी पूर्ण पृष्ठ की समाचार-सज्जा का लघु रूप। इसमें लीड, चित्र, कार्टून, बड़े शीर्षकवाले समाचार आदि की स्थिति बताई जाती है।

प्वाइंट– छपने में अक्षर का नाप जो टाइपसेट अथवा ढले टाइप में होता है।

पेज प्रूफ– मशीन पर छपे समाचार–पत्र की पहली प्रति जो जांच के लिए दी जाती है।

प्रूफ– कंपोज सामग्री जो मूल सामग्री से मिलान करने के लिए उपलब्ध कराई जाती है।

ई.ओ.एम. या थर्टी (XXX)– सामग्री समाप्ति की संकेत।

फ्लैश– अत्यंत महत्त्वपूर्ण समाचार का पहला भाग। यह संक्षिप्त होता है।

टाइप फेस– अक्षर के मुखड़े की बनावट। बोल्ड, सादा, इटालिक्स, स्लांट आदि।

फोल्ड– समाचार–पत्र का मोड़ जहां से उसकी मशीनी तह होती है।

ब्लो अप– चित्र अथवा टाइप को बढ़ाना–फैलाना।

बैनर– आठ या सात कॉलम का शीर्षक। इसे पताका या लीड भी कहते हैं। जब यह पृष्ठ के निचले भाग में होता है तब स्टीमर या रिबन या एंकर भी कहलाता है।

●●●

12

पत्रकार अपराध की शिक्षा न दें

हिंदी के मशहूर संपादक श्री मिलाप कोठारी ने पांच साल पहले यह लेख लिखा था। यह लेख आज की पीढ़ी के लिए बहुत ही मौजूं भी रहेगा और लाभदायक भी–

आधुनिक लोकतंत्रों में प्रेस को चौथा पाया माना जाता है। वैसे भी विकास के साथ-साथ लोगों के बीच प्रत्यक्ष संवाद कम होता जाता है। जो गांव या शहर जितना विकसित होता है, उसके लोगों के बीच प्रत्यक्ष दूरी उतनी ही बढ़ती जाती है। यदि अफवाहों से मची भगदड़ की वारदातों को छोड़ दिया जाए तो आजकल शहरों में अपने पड़ोस में घटी घटना की जानकारी भी प्रसार माध्यमों से ही मिलती है।

सूचना से लेकर ज्ञान-विज्ञान तक के प्रसार का भारत का बहुत लंबा इतिहास है। देवर्षि नारद से लेकर वेद व्यास, संजय और वाल्मीकि सहित अनेक विभूतियों को पत्रकार की श्रेणी में रखा जा सकता है। पर आधुनिक पत्रकारिता का उद्‌भव ब्रिटेन में हुआ है। जिस प्रकार वकील का काम अपने मुवक्किल की वकालत करना है न कि न्याय करवाना, उसी प्रकार ही पत्रकार का कार्य भी पाठकों, श्रोताओं और दर्शकों को केवल घटनाओं से अवगत कराना पत्रकार-कर्म कहलाता है। उन सूचनाओं के आधार पर किसी भी विषय में अपनी धारणा बनाने का काम नागरिक पर ही छोड़ दिया जाता है। इतना अवश्य है कि संपादकीय लेखों तथा स्तंभ लेखों तथा आजकल समाचार विश्लेषणों के माध्यम से विभिन्न घटनाओं पर लेखकों, वक्ताओं व संपादकों की राय भी नागरिकों के सामने आती है। इनको छोड़कर प्रसार माध्यमों का काम केवल सूचना उपलब्ध करवाना मात्र ही माना गया है।

पत्रकारिता की परिभाषा क्या है? सर्वाधिक उदार दृष्टि से तो

पत्रकारिता चहुंदिशा में घटने वाली सभी घटनाओं की जानकारी उपलब्ध कराना है। आज के वैज्ञानिक युग में तो दसों दिशाओं पर नजर रखने की बात कहना ज्यादा उपयुक्त है। समाचार के लिए प्रयुक्त अंग्रेजी शब्द न्यूज का गठन ही चारों दिशाओं के नामों के प्रथमाक्षर से हुआ है। न्यूज (एन माने नॉर्थ, ई माने ईस्ट, डब्ल्यू माने वेस्ट तथा एस माने साऊथ)। पत्रकारिता की दुनिया में समाचार उसे कहते हैं जो किसी भी घटना से संबंधित पांच प्रश्नों (प्रसिद्ध पांच ककारों) का उत्तर देता हो। ये पांच ककार हैं—क्या, कब, कहां, कौन और क्यों? जैसे कोई दुर्घटना हुई तो सबसे पहले तो यह बताया जाना चाहिए कि कोई दुर्घटना हुई है। फिर दुर्घटना कब और कहां हुई, दुर्घटना से कौन प्रभावित हुआ या हुए और दुर्घटना कैसे हुई।

स्वाभाविक है कि घटनाओं से संबंधित इन प्रश्नों के उत्तर जानने के लिए पत्रकार की घटनास्थल तक पहुंच निर्बाध रूप से होनी चाहिए। कुछ विशेष परिस्थितियों में ही पत्रकार की इस पहुंच पर अंकुश लगाया जाता है। यही स्वस्थ लोकतंत्र की निशानी भी मानी जाती है। समाचार संकलन की इस प्रक्रिया में पत्रकार की पहुंच सत्ता के सभी केंद्रों तक हो जाती है। बस, इसी अर्थ में उसके पास विशेषाधिकार है। अन्यथा आधुनिक पत्रकारिता की जन्मभूमि, ब्रिटेन में पत्रकार का दर्जा न एक सामान्य नागरिक से कम होता है और न ही अधिक।

इस सिद्धांत से संबंधित एक जोरदार बहस का मैं साक्षी रहा हूं। 1984 की गर्मियों में मैं कॉमनवेल्थ प्रेस यूनियन के फेलो के रूप में लंदन में था। उन्हीं दिनों वहां की सरकार ने 'पुलिस एंड क्रिमिनल एविडेंस बिल' के माध्यम से एक विशेष स्तर से ऊपर के पुलिस अधिकारी को अपराध अनुसंधान के सिलसिले में बिना तलाशी वारंट के किसी को भी तलाशी लेने का अधिकार देने का प्रस्ताव रखा था। इस विधेयक के पेश होते ही एक-एक करके चर्च, डॉक्टर और वकीलों से जुड़े संगठनों ने अपने-अपने कार्यक्षेत्र में प्रभावित लोगों की व्यक्तिगत जानकारी की गोपनीयता का मुद्दा उठाया और विधेयक से संरक्षण की मांग की और उनकी मांग मान भी ली गई। इसी बहाव में आकर पत्रकार संगठन भी बह गए और उन्होंने भी विधेयक से संरक्षण देने की मांग कर डाली।

पत्रकारों की मांग पर सरकार कोई निर्णय करती, उससे पहले ही पत्रकारों में विधेयक से संरक्षण प्राप्त करने के प्रयासों का मुखर विरोध प्रारंभ हो गया। यह कहा जाने लगा कि पत्रकार को एक साधारण नागरिक से किसी भी मायने में कम या अधिक अधिकार नहीं होने चाहिए। पत्रकारों का कर्तव्य है कि वे अपने समाचार के स्रोत की गोपनीयता की रक्षा करें। यदि इस प्रक्रिया में किसी कानून का उल्लंघन होता है तो उसकी सजा भुगतने को पत्रकार तैयार रहें। उस समय के दैनिक टेलीग्राफ के संपादक विलियम लीड्स का कहना था कि पत्रकार को कभी भी विशेषाधिकार स्वीकार नहीं करने चाहिए। ऐसा करके वह अपना हाथ कटा बैठता है। एक बार मिले विशेषाधिकार वापस छीने जाने में भी देर नहीं लगती। पत्रकार को कभी भी आम नागरिक से अपने को पृथक नहीं समझना चाहिए। इस बहस के चलते हुए ही मैं ब्रिटेन से लौट गया था। बाद में शायद पत्रकारों को विधेयक से संरक्षण नहीं दिया गया। पर मेरे मानस को उस बहस ने तभी से झिंझोड़ रखा था। ऐसा इसलिए भी था कि भारत में पत्रकारों की मान्यता और स्थिति बिल्कुल विपरीत है।

ऊपर वर्णित पत्रकार का स्वरूप एक संपन्न राष्ट्र में पनपी पत्रकारिता के स्वरूप से उभरा और निखरा है। भारत जब स्वाधीन हुआ तो यहां की आर्थिक स्थिति इसके ठीक विपरीत थी। ऐसे में भारत की केंद्र और राज्य सरकारों ने चुन-चुनकर पत्रकारों को विशेष सुविधाएं, जैसे कम किराए पर मकान, अपने विवेकाधिकार के हिस्से से स्कूटर दिलवाना, आदि देना आरंभ किया तो शुरू में तो किसी को न तो अखरा और न ही इन सुविधाओं को प्राप्त करने की भगदड़ मची। ऐसा इसलिए भी था कि पत्रकारों की उस पीढ़ी में से अधिकांश स्वाधीनता संग्राम में भागीदार थे या उस समय की मर्यादाओं से बंधे हुए थे।

स्वाधीन भारत में जन्मी नई पीढ़ी के जीवन मूल्य बदल चुके थे। तंगी की अर्थव्यवस्था में ही विशेषाधिकारों और सुविधाओं का आकर्षण होता है अत: वही हुआ। पत्रकारिता के नाम से आज सस्ती या नि:शुल्क सड़क व रेल यात्रा, सस्ते किराए के मकान, प्राथमिकता से टेलीफोन आदि प्रत्यक्ष लाभ तो अब सामान्य हो गए हैं। सत्ता केंद्रों तक आसान पहुंच के अप्रत्यक्ष लाभों का तो वर्णन भी करना कठिन है। कुछ वर्ष पूर्व एडिटर्स गिल्ड ऑफ इंडिया की टोली ने अपने उड़ीसा दौरे पर एक

रिपोर्ट जारी की थी। इसके अनुसार सरकार के साथ चलने वाले पत्रकारों को मदिरा और होटल के लाइसेंस तथा उनके लिए ऋण आदि की व्यवस्था भी सुलभ हो जाती थी। राजस्थान में भी कुछ पत्रकारों को खनन के पट्टे जारी किए जाने की बात सुनने में आई थी।

एक बुद्धिजीवी होने के नाते पत्रकार ये और ऐसी दूसरी सुविधाएं तो प्राप्त कर लेता है पर उसका व्यवहार एकदम श्रमजीवी जैसा ही बना रहता है। आज के अधिकांश पत्रकारों की तो पठन-पाठन में भी रुचि नहीं होती। अपने 'सर्वज्ञाता' होने का भ्रम उनमें ऐसा छाया हुआ है कि वे किसी विषय को जानने के लिए किसी से प्रश्न तक पूछने में संकोच करते हैं। जो पत्रकार सवाल पूछने में शर्माते नहीं हैं उनका विषय ज्ञान बढ़ता जाता है, अतः वे सफल भी होते हैं। वह पत्रकार ही क्या जो किसी से भी कुछ भी जानने-बूझने में संकोच करे? बहुत कम पत्रकार ऐसे मिलेंगे जो किसी आदर्श के प्रति कृतसंकल्प हों। वे उच्चतम न्यायालय के न्यायाधीशों सहित सभी के कामों की व्यक्तिशः आलोचना करना अपना अधिकार समझते हैं पर खुद किसी नीति से बंधने को तैयार नहीं। पत्रकार संगठनों का प्रमुख काम श्रमजीवी संगठनों की तरह वेतन भत्ते बढ़वाने में लगे रहना और सरकार से अधिकाधिक सुविधाएं प्राप्त करने का प्रयास करना मात्र रह गया है। कोई आश्चर्य नहीं कि आज देश का हर विश्वविद्यालय पत्रकारिता की नियमित या पत्राचार द्वारा डिग्री देने लगा है। ऐसा लगने लगा है मानो पत्रकारिता राष्ट्रीय प्राथमिकता हो गई है। सभी यह जानते और मानते हैं कि किसी तरह से कोई पत्रकार बन जाए तो वह स्वयं अपने, अपने परिवार और मित्रगणों के लिए चमत्कार पैदा कर सकता है।

भारतीय पत्रकारों के आचरण में एक और 'विशिष्टता' है। वे यह मानकर चलते हैं कि वे किसी को नेता बना भी सकते हैं तो उसका भविष्य बिगाड़ भी सकते हैं। वास्तव में ऐसा होता नहीं है। नेताओं के अचारण संबंधी समाचार सूचनाओं के रूप में जब नागरिक तक पहुंचते हैं तो उनके आधार पर वह अपनी धारणा बना लेता है। यदि वास्तव में पत्रकारों में जनधारणा और जन भावना को बदल डालने की शक्ति होती तो उनकी चुनाव समीक्षाएं अनेक बार विपरीत सिद्ध नहीं होतीं। फिर भी यदि कोई पत्रकार यह मानता है कि वह किसी को बना या बिगाड़ सकता है तो वह स्वयं से ही पूछे कि भ्रष्टाचार के अनेक

आरोपों से घिरे रहने के बावजूद लोग चुनाव जीत कैसे जाते हैं। इस धारणा की अग्नि परीक्षा तो सामाजिक विषयों में ज्यादा सही तरीके से हो सकती है। प्रसार माध्यमों में भ्रष्टाचार, जातिवाद, दहेज-प्रथा, हिंसा, यौनाचार व यौन अपराध तथा अन्य अपराधों पर भरपूर प्रहार के बावजूद इनमें कमी होने के बजाय ये बेतहाशा बढ़ते ही क्यों जा रहे हैं? इस सवाल का जवाब यही सिद्ध करेगा कि पत्रकार में जनभावना को मोड़ने की ताकत नहीं है और न ही वह किसी नेता का कुछ बना या बिगाड़ सकता है। हां, सूचना में जबर्दस्त शक्ति होती है। अतः सूचना प्रसार का माध्यम होने के नाते पत्रकार को श्रेय अवश्य मिल जाता है। पर यह भी उतना ही सही है कि सराहना भी उसी पत्रकार की होती है जो बेलाग लपेट हो।

लेकिन इस लेख का प्रयोजन केवल पत्रकारों के आचरण मात्र पर ध्यानाकर्षण करना नहीं है। यहां पत्रकारिता के कारण समाज में व्याप्त विश्वव्यापी हिंसा और अपराधों में वृद्धि की ओर इंगित करना भी आवश्यक है। जैसा कि पूर्व में कहा जा चुका है, पत्रकार को समाचार संकलन में पांच ककारों—क्या, कब, कहां, कौन और क्यों; का जवाब ढूंढ़ना होता है। समाचारों में इन पांच प्रश्नों का उत्तर देने की प्रक्रिया में भी कभी-कभी 'क्यों' का जवाब कुछ ऐसी बातें समाचार में जुड़वा देता था जिसे वांछनीय नहीं समझा जाता। पर ऐसा बहुत कम होता था।

लगभग बीस वर्ष पूर्व भारत में भी तथाकथित मानवीय अभिरुचि के समाचारों पर जोर देने का ढर्रा चल पड़ा। विकसित देशों में यह पहले से ही होने लगा था, अतः नकल करने में बिना अकल लगाए भारत के पत्रकार भी इसी मार्ग पर चल पड़े। इस ओर बढ़ने के पीछे बहुत लुभावना तर्क था। जब काई व्यक्ति किसी दुर्घटना का या किसी अपराध का शिकार होता है तो उस पर क्या बीतती होगी, वह किस प्रकार की वेदना से गुजरता होगा, इसका सजीव चित्रण करने से लोगों में उस अपराध के प्रति वितृष्णा उत्पन्न होगी। अतः इससे अपराधों में कमी आएगी। पश्चिमी देशों में तो पीड़ित लोगों की आपबीती पाठकों, श्रोताओं और दर्शकों के सामने प्रस्तुत करने के अधिकार खरीदने की होड़ लगने लगी थी। यह अपने आप में एक बहुत बड़ा व्यापार बन चुका है।

इन तथाकथित मानवीय अभिरुचि के समाचार तैयार करने के लिए पत्रकारिता के पांच ककारों में एक ककार 'कैसे' और जुड़ गया।

अपराध कैसे घटित हुआ, बलात्कार कैसे किया गया, बम कैसे बनाया गया, आत्महत्या कैसे की गई, दूध में मिलावट कैसे की गई या सिंथेटिक दूध कैसे बनाया जाता है, आक्सीटोसिव इंजेक्शन या सेल्फॉस की गोलियों का उनके स्वाभाविक व निर्धारित उपयोग के अलावा भी क्या उपयोग हो सकता है? बैंक में डकैती कैसे डाली गयी, लोगों को कैसे ठगा गया? आदि आदि आदि। उदाहरणों का न कोई अंत है और न ही इनके कारण समाज पर पड़ने वाले भयानक प्रभावों का कोई ओर-छोर। पहले फिल्मों में ऐसे दृश्य कम होते थे पर जबसे पत्रकारिता में अपराध करने के तरीकों का वर्णन होने लगा तो सिनेमा में भी सैक्स और हिंसा हावी हो गए। टी.वी. और सिनेमा में ऐसे दृश्यों का तो सर्वाधिक दुष्प्रभाव पड़ रहा है।

बहुत वर्ष पहले किसी अखबार में एक गोली खाकर आत्महत्या करने का समाचार छपा था। आज यह एक आम बात हो चुकी है। कुछ वर्ष पूर्व दिल्ली के एक अखबार में एक समाचार छपा था कि दूध में क्या-क्या चीजें मिलाई जाती हैं जिससे वह कई दिनों तक फटे नहीं। आज जगह-जगह सिंथेटिक दूध और नकली घी बिकने के समाचार छप रहे हैं। महिलाओं पर घटित होने वाले अपराधों की बाढ़-सी आ गई है। जब दिल्ली में मॉडल जेसिका लाल की हत्या करने के समाचार छपे तो ऐसे ही समाचार अन्य स्थानों से भी मिलने लगे। क्या यह सब संयोग मात्र है? नहीं।

प्रसार माध्यम जब सूचना संप्रेषण का काम करते हैं तो एक और काम वे साथ-साथ कर जाते हैं। वह है शिक्षण। आज प्रसार माध्यम शिक्षा के बहुत बड़े माध्यम बन चुके हैं। कोई भी सूचना या जानकारी एक से अनेक तक पहुंचाने के लिए ही प्रसार माध्यम पनपे और पनपाए गए हैं। अपने ग्राहक को क्या परोसा जाए जिससे वह आपसे जुड़ा रहे या ग्राहक को क्या नहीं परोसा जाना चाहिए, ऐसे दो सवाल हैं जो मुझ जैसे अनेक लोगों के मन में उठते होंगे। पर पलड़ा ग्राहक की इच्छापूर्ति करने वालों का ही भारी है। यह अलग बात है कि इच्छाएं अनंत होती हैं और एक की पूर्ति दूसरे को जन्म देती जाती है।

बहरहाल, मानवीय अभिरुचि के समाचार बनाने के प्रयास में प्रसार माध्यम अपने ग्राहकों को 'शिक्षित' भी करते जाते हैं। अत: जब किसी अपराध के बारे में कोई समाचार छपता है तो अपराध करने के तरीके की 'शिक्षा' भी एक से अनेक तक पहुंचती है। फिल्मों में अंग प्रदर्शन

के औचित्य पर छपे सचित्र लेख अंग प्रदर्शन की 'शिक्षा' लाखों लोगों तक पहुंचा देते हैं। दूध में क्या मिलाया जा सकता है, यह जानकारी एक से अनेक तक पहुंच कर क्या गुल खिला सकती है, यह हमारे सामने है। इसी दृष्टि से सभी अपराध समाचारों और फिल्मों पर गौर किया जाए तो आप दंग रह जाएंगे। कोढ़ में खाज तो इसलिए अधिक होती है कि अपराध करने वाले तो पकड़ में आते नहीं और नए अपराधी और तैयार होते जाते हैं। अमरीका के लिटिलटन स्कूल में दो छात्रों द्वारा अनेक छात्रों को गोलियों से भूनने के समाचार सामने आने के बाद जब छात्रों से पूछा गया कि क्या उनको ऐसे ही अपराध और घटने की आशंका है तो 61 प्रतिशत बच्चों ने सकारात्मक जवाब दिया। ऐसी ही अन्य घटनाएं हुईं भी।

प्रसार माध्यम जाने-अनजाने में हीरो और विलेन, सज्जन और दुर्जन सभी दोनों को एक समान गौरवान्वित कर देते हैं। आज की दुनिया में वास्तविक एवं अनुकरणीय हीरो वैसे ही कम मिलते हैं। फिल्मों में 'हीरो' का जैसा चित्रण किया जाता है उससे सेक्स, हिंसा और अपराध ही गौरवान्वित होते जा रहे हैं। दूरदर्शन पर प्रसारित सीरियल 'शक्तिमान' की नकल करने के प्रयास में अनेक बच्चे हताहत हो चुके हैं। पर अकेले शक्तिमान को दोषी ठहराने से कुछ नहीं होने वाला। रोग की जड़ें बहुत गहरे में पैठ चुकी हैं। आजकल अपराधियों को पकड़वाने में सहायता लेने के लिए टी.वी. पर उनके द्वारा किए गये अपराधों का सजीव पुनर्चित्रण किया जाता है। इनकी मदद से अपराधी पकड़े जाने के दावे भी किए जाते हैं। लेकिन उससे कहीं बड़ी संख्या में नए अपराधी शिक्षित भी होते जाते हैं।

विश्व स्तर पर देखा जाए तो हम यह संतोष कर सकते हैं कि यहां का नागरिक सर्वाधिक संजीदा है। उस पर अपने परिवार और समाज की मर्यादाएं अब भी पाबंदी लगाने में सफल हो जाती हैं। विकसित देशों में तो स्थिति बहुत खराब हो चुकी है। वहां के संजीदा अखबारों की बिक्री लोकप्रिय अखबारों की तुलना में बहुत कम है। लेकिन भारत में भी अब अपराधों की 'शिक्षा' व्यापक होती जा रही है और उसी अनुपात में अपराध दिन दूने रात चौगुने वाली गति से बढ़ते जा रहे हैं।

इस समस्या ने मुझे कई वर्षों से घेर रखा है। अपने ब्रिटेन प्रवास में मुझे यह जानकारी मिली कि स्कॉटलैंड को छोड़कर पूरे ब्रिटेन में 1984 तक न्यायालयों में सुनवाई का विवरण अखबारों में नहीं छापा जा सकता था। वहां के पत्रकार वैसे इस बंधन से नाराज थे। घटना के साथ वैसे ही बहुत सारा विवरण पहले ही छप चुकता था। ऐसे में इस प्रावधान ने मुझे प्रभावित नहीं किया।

कुछ वर्ष पूर्व मेरी भेंट एक स्वीडिश पत्रकार से हुई थी। इस समस्या पर उससे हुई बातचीत ने मेरे लिए नई रोशनी का काम किया। उसका कहना था कि स्वीडन में पत्रकार यह विवरण नहीं दे सकता कि अपराध कैसे किया गया। न तो इसकी अनुमति कानून देता है और न ही पत्रकार संगठन। यदि कोई ऐसा कर देता है तो और कोई कार्यवाही हो या न हो, पत्रकार संगठन उस पत्रकार की सदस्यता समाप्त कर सकते हैं। उसने बड़े आराम से कहा कि यदि किसी को अपराध करने के तरीके सीखने हों तो उसको स्वीडन के न्यायालयों में बैठकर सारी कार्यवाही देखनी होगी।

पत्रकारिता के सकारात्मक पहलू भी कम नहीं हैं पर अपराध का वर्णन ऐसा पहलू है जिसके प्रभाव अत्यंत घातक और दूरगामी हैं। क्या पत्रकारों को शांतचित्त से इस विषय में आत्मावलोकन नहीं करना चाहिए? क्या उनको यह नहीं सोचना चाहिए कि पत्रकारिता के पांच ककारों में छठा ककार जोड़कर वे अपराधों के प्रसार में न केवल सहयोग दे रहे हैं अपितु आग में घी डालने का ही काम कर रहे हैं? क्या उनका इस समाज और राष्ट्र के प्रति भी कोई दायित्व है या नहीं? जन अभिरुचि की जिस भूलभुलैया में पत्रकार व प्रसार माध्यमों के मालिक फंस गए हैं, उससे उनको बाहर निकलना ही होगा। समाज के अतिशिष्ट अंग बनकर समाज के ही विघटन में जाने अनजाने में सहायक बने रहना ज्यादा दिन नहीं चल सकता।

– मिलाप कोठारी की पुस्तक 'तब भारत को उठाना होगा' से साभार

●●●

13

संपादन को बेहतर ऐसे करें

संपादन को कैसे बेहतर किया जाए और तेज किया जाए? यह एक ऐसा सवाल है, जो आजकल हर उस शख्स के जेहन में कुलांचे मार रहा है, जो या तो अखबार में अपना कैरियर शुरू कर चुके हैं या फिर पत्रकारिता का कोर्स वगैरह कर रहे हैं। ऐसे लोगों के लिए सीधा-सा और सरल-सा सुझाव यही है कि पहले आप अपनी हिन्दी को ठीक करिए। भाषा यदि ठीक रहेगी तो आप इस पेशे में जल्दी ही सेट हो जाएंगे, रम जाएंगे। इन्हीं बातों को ध्यान में रखते हुए मैं यहां दो बड़े समाचारपत्रों—अमर उजाला और संडे ऑब्जर्वर (साप्ताहिक) की वर्तनी की पूरी सूची यहां दे रहा हूं। हालांकि इस समय संडे आब्जर्वर तो नहीं प्रकाशित होता है, पर हम उस प्रतिष्ठित साप्ताहिक समाचारपत्र के संपादन के फार्मूले को तो जान ही सकते हैं। समझ सकते हैं कि वह कैसे और क्यों हिट हुआ था। साथ ही हम हिन्दी के प्रमुख दैनिक पत्र अमर उजाला की वर्तनी को भी देख सकते हैं, समझ सकते हैं कि हम कैसे अपने संपादन को बेहतर करें। वैसे ये दोनों वर्तनी आपके काफी काम आएंगी। संपादन में आपकी मदद करेंगी।

भाषा हमारी भावाभिव्यक्ति का सबल माध्यम है। लेकिन भाषा यदि शुद्ध न हो तो अर्थ का अनर्थ हो सकता है। व्याकरण भाषा को अनुशासित करता है। अतः भाषा का व्याकरण संपन्न होना और उसकी लिपि व वर्तनी में एकरूपता होना आवश्यक है। यद्यपि हिन्दी वर्तनी को लेकर विद्वानों में कुछ शब्दों के रूपों पर मतभेद है, तो भी एक ही समाचार-पत्र में एक ही शब्द दो तरह से लिखना उचित नहीं है। अब से अमर उजाला की भाषा और वर्तनी में एकरूपता रहे, इस दृष्टि से कुछ दिशा-निर्देश प्रस्तुत हैं। साथ ही कुछ ऐसे शब्दों की सूची भी है, जिनके संबंध में असमंजस हो सकती है। सूची में दिए गये शब्दों का

ही प्रयोग वांछनीय है।

1. हिंदी के विभक्ति-चिह्न सर्वनामों के अतिरिक्त सभी प्रसंगों में प्रातिपादिक से पृथक लिखे जाएं। जैसे–राम ने, स्त्री को, राम से। सर्वनाम शब्दों में से ये चिह्न प्रातिपादिक के साथ मिलाकर लिखे जाएंगे, जैसे– उसने, उसको, उसकी आदि।

   सर्वनामों के साथ यदि दो विभक्ति चिह्न हों, तो उनमें से पहला मिलाकर और दूसरा पृथक लिखा जाए। जैसे– उसके लिए, इसमें से।

   सर्वनाम और विभक्ति के बीच 'ही', 'तक' आदि का निपात हो तो विभक्ति को अलग लिखा जाए। जैसे–आप ही के लिए, मुझ तक को।
2. हिंदी में आह, ओह, अहा, ऐ, ही, तो, सो, भी, न, जब, तब, कब, यहां, वहां, कहां, सदा, क्या, श्री, जी, भर, मात्र, कि, किंतु, मगर, लेकिन, चाहे, या, अथवा, तथा, यथा, और आदि अनेक प्रकार के भावों का बोध कराने वाले अव्यय हैं। ये सभी अव्यय सदा पृथक लिखे जाएं। जैसे, आपके साथ, यहां तक, आप ही के लिए, मुझ तक को, गज भर कपड़ा, रात भर, मुझे जाने तो दो। हां, समस्त पदों में प्रति, मात्र, यथा आदि अव्यय पृथक नहीं लिखे जाएंगे, जैसे–प्रतिदिन, प्रतिशत, मानवमात्र, यथासमय आदि। नियम है कि समास होने पर समस्त पद एक माना जाता है।
3. द्वंद्व समास प्रत्यय 'कर' क्रिया से मिलाकर लिख जाए। जैसे-पीकर, जाकर, लेकर, उठकर, रखकर।
4. द्वंद्व समास में पदों के बीच हाइफन रखा जाए। जैसे–राम-लक्ष्मण, शिव-पार्वती, देख-रेख, चाल-चलन, हंसी-मजाक, लेन-देन, पढ़ना-लिखना, खाना-पीना, खेलना-कूदना आदि।
5. 'सा', 'जैसा' आदि से पूर्व हाइफन रखा जाए। जैसे–तुम-सा, राम-जैसा, चाकू-से तीखे।
6. तत्पुरुष समाज में हाइफन का प्रयोग केवल वहीं किया जाए, जहां उसके बिना भ्रम होने की संभावना हो, अन्यथा नहीं। जैसे–भू-तत्त्व। सामान्य तत्पुरुष समासों में, जैसे, रामराज्य, राजकुमार, गंगाजल,

ग्रामवासी, आत्महत्या आदि में हाइफन लगाने की आवश्यकता नहीं है।

7. जहां श्रुतिमूलक 'य'-'व' का प्रयोग विकल्प से होता है, वहां उससे बचा जाए और स्वर का ही प्रयोग किया जाए, अर्थात गए-गये, नई-नयी, आदि में से पहले (स्वरात्मक) रूपों का ही प्रयोग किया जाए। यह नियक क्रिया, विशेषण, अव्यय आदि सभी रूपों में माना जाए। जैसे, दिखाए गए, राम के लिए, पुस्तक लिए हुए, नई दिल्ली आदि। जहां 'य' श्रुतिमूलक व्याकरणिक परिवर्तन न होकर शब्द का ही मूल तत्त्व हो, वहां वैकल्पिक श्रुतिमूलक स्वरात्मक परिवर्तन की आवश्यकता नहीं है। जैसे–स्थायी, दायित्व, अनुयायी, भाषायी, न्यायी, उत्तरदायी, दुखदायी, मितव्ययी आदि।

   विधि की क्रियाओं में 'ए' का प्रयोग करें। जैसे–कीजिए, चाहिए।
   संभाव्य भविष्यत् में 'ए' का प्रयोग करें। जैसे–आए, जाए।
   सामान्य भविष्यत् में 'ए' का प्रयोग करें। जैसे–आएगा, जाएगा।
   आदरसूचक विधि में 'ए' का प्रयोग करें। जैसे–आइए, जाइए।
   सामान्य भूत (स्त्रीलिंग) में भी स्वर की ही मान्यता है। जैसे–आई, गई।

8. जहां पंचमाक्षर के बाद उसी के वर्ग के शेष चार वर्णों में से कोई वर्ण हो, वहां अनुस्वार का ही प्रयोग किया जाए। जैसे–अंत, गंगा, संपादक, संध्या, धंधा आदि। परंतु पंचमाक्षर के बाद किसी अन्य वर्ग का कोई वर्ण आए अथवा वही पंचमाक्षर दुबारा आए, तो पंचमाक्षर अनुस्वार में परिवर्तित नहीं होगा। जैसे–अन्य, अन्न, सम्मति, सम्मेलन, चिन्मय, उन्मुख आदि।

   अपवाद के रूप में संन्यासी शब्द में अनुस्वार और पंचमाक्षर दोनों का ही प्रयोग किया जाएगा।

   'म' के स्थान पर अनुस्वार में नहीं बदला जाना चाहिए, जैसे–सौम्य, सम्यक आदि।

   चंद्रबिंदु का आमतौर पर प्रयोग नहीं किया जाएगा, लेकिन जहां अर्थ में भ्रम पैदा होने की गुंजाइश रहती है, वहां चंद्रबिंदु का प्रयोग किया जाएगा, जैसे–हंस-हँस, अंगना-अँगना आदि।

9. हिंदी में 'ऐ', 'औ' का प्रयोग दो प्रकार की ध्वनियों को व्यक्त

करने के लिए होता है। पहले प्रकार की ध्वनियां 'है', 'और' आदि में हैं तथा दूसरे प्रकार की 'गवैया', 'कौवा' आदि में। इन दोनों ही प्रकार की ध्वनियों को व्यक्त करने के लिए इन्हीं चिह्नों (ऐ, औ की मात्राओं) का प्रयोग किया जाएगा। 'गवय्या', कव्वा' आदि शब्द मान्य नहीं होंगे।

10. संस्कृतमूलक तत्सम शब्दों की वर्तनी में सामान्यतः संस्कृत रूप ही रखा जाए, परंतु जिन शब्दों के प्रयोग में हिंदी में हलंत चिह्न लुप्त हो चुका है, उनमें हलंत चिह्न लगाने का यत्न न किया जाए। जैसे–महान, विद्वान आदि।
11. अरबी-फारसीमूलक वे शब्द जो हिंदी के अंग बन चुके हैं और जिनकी विदेशी ध्वनियों का हिंदी ध्वनियों में रूपांतर हो चुका है, हिंदी रूप में स्वीकार किए जाएं, जैसे–जरूर, कलम, किला, दाग आदि।

    अंगरेजी, अरबी, फारसी की मुख्यतः पांच ध्वनियां क़, ख़, ग़, ज़ और फ़ का हिंदी समावेश हुआ है। इनमें से क़ और ग़ ध्वनियां तो हिंदी उच्चारण क और ग में बदल चुकी हैं, ख़ हिंदी खपने की तैयारी में है तथा बाकी दो ज़ और फ़ भी धीरे-धीरे अपना अस्तित्व खोती जा रही है। अतः बेहतर हो कि नुक्ते का इस्तेमाल न किया जाए।
12. अंगरेजी के जिन शब्दों में अर्धवृत्त 'ओ' ध्वनि का प्रयोग होता है, उनके शुद्ध रूप का हिंदी में प्रयोग अभीष्ट होने पर 'आ' की मात्रा के ऊपर बिना बिंदी के अर्धचंद्र का प्रयोग किया जाए, जैसे–'ऑटोमेटिक'।
13. संस्कृत के जिन शब्दों में विसर्ग का प्रयोग होता है यदि तत्सम रूप में प्रयुक्त हों तो विसर्ग का प्रयोग अवश्य किया जाए, जैसे–दुःखानुभूति में। इसी प्रकार के अन्य शब्द हैं, अंतःकरण, मुख्यतः, सामान्यतः, कोटिशः, क्रमशः, शनैः, अतः, प्रायः, पुनः, प्रातः आदि। परंतु यदि उस शब्द के तद्भव रूप में विसर्ग का लोप हो चुका है तो उस रूप में विसर्ग के बिना भी काम चल जाएगा, जैसे–सुख-दुख के साथी।

14. कार्यवाही और कार्रवाई दो अलग-अलग अर्थ वाले शब्द हैं। कार्यवाही का प्रयोग प्रक्रिया के अर्थ में किया जाना चाहिए, जैसे–'सदन की कार्यवाही में लगातार तीन घंटे तक व्यवधान होता रहा', जबकि कार्रवाई का अर्थ कदम उठाने से है, जैसे–'जनता की शिकायत के बावजूद प्रशासन ने कोई कार्रवाई नहीं की।'
15. 'वाला' अर्थ वाले हिंदी में दो प्रत्यय हैं–मान और वान। इकारांत, ईकारांत, उकारांत और ऊकारांत संज्ञा-शब्दों में मान प्रत्यय लगता है, जैसे–श्रीमान, बुद्धिमान, गतिमान आदि। अकारांत या आकारांत संज्ञा-शब्दों में वान प्रत्यय लगता है, जैसे–धनवान, बलवान, विद्यावान आदि।
16. 'एं' बहुत्वबोधक प्रत्यय है। स्त्रीलिंग अकारांत एवं आकारांत का बहुवचन बनाने पर 'एं' प्रत्यय लगता है। अकारांत स्त्रीलिंग शब्दों में बहुवचन बनाने पर अन्त्य 'अ' का लोप हो जाता है, जैसे–किताब से किताबें, दीवार से दीवारें, पुस्तक से पुस्तकें आदि। स्त्रीलिंग आकारांत शब्दों का बहुवचनीय रूप 'एं' से लिखना चाहिए, जैसे–लताएं, विशेषताएं, पत्रिकाएं, घटनाएं आदि। इन शब्दों को लतायें, विशेषतायें, पत्रिकायें और घटनायें लिखना गलत है।
17. बावजूद शब्द के बाद 'भी' का प्रयोग नहीं किया जाना चाहिए।
18. मद्देनजर शब्द के बाद 'रखते हुए' प्रयोग नहीं करना चाहिए। मद्देनजर का अर्थ ही 'निगाह में रखते हुए' है।

ऐसे शब्दों की सूची जिनमें भ्रम हो सकता है–

अ

अंगरेज, अंगरेजी
अंगुली (उंगली)
अंगूठी
अंतर (दूसरे)
अंतर (भीतर)
अंतरजातीय
अंतरप्रांतीय
अंतरराज्यीय
अंतरराष्ट्रीय
अंतर्देशीय
अंतर्गत
अंतर्द्वंद्व
अंतर्धान
अंतर्यामी
अंत्याक्षरी
अकसर
अकस्मात
अकाउंट
अकादमी
अक्ल
अक्लमंद
अचकचाना
अतिशयोक्ति
अत्यधिक
अधिगृहीत
अधिग्रहण
अधीनता
अध्यात्म
(आध्यात्मिक)
अनधिकार
अनन्नास
अनावृत

अनुगृहीत
अनुग्रह
अनूदित
अन्योन्याश्रय
अन्वेषण
अबध्य
अभिजात
(आभिजात्य)
अभीष्ट
अमेरिका
अमेरिकन
अम्मां
अरदली
अरसा
अर्जी
अलबम
अलमारी
अल्लाह
अशरफी
असम
अहल्या

आ

आइसक्रीम
आईना
आकलन
आक्रमण
आक्रामक
आक्सीजन
आखिरी
आदमीयत
आधिकारिक
आधिपत्य
आधुनिकीकरण
आधृत
आनुवंशिक
आपराधिक
आप्रवासी
आर्त
आर्द्र
आलंकारिक
आवंटन
आविष्कार
आस्तीन

इ

इंग्लैंड
इंजन
इंजीनियर
इंतहा
इंसाफ
इंस्पेक्टर
इकाई
इख्तियार
इत्मीनान
इत्तफाक
इत्तला
इनकार
इनसान
इनाम
इफ्तार
इब्तिदा
इब्राहीम
इम्तिहान
इराक
इलजाम
इलेक्ट्रिक
इल्तिजा
इश्तिहार
इसलाम
इस्तिकबाल
इस्तिरी
इस्तीफा
इस्तेमाल
इस्राइल

ई

ईमान
ईमानदार
ईरान
ईर्ष्या
ईसवी
ईसाई

उ

उंगली
उच्छृंखल
उज्ज्वल
उड़ेलना
उत्तरार्द्ध
उद्दंड
उद्धृत
उपलक्ष्य
उम्दा
उलटा
उल्का
उल्लंघन
उषा
उष्ण
उष्मा
उस्तुरा

ऊ

ऊटपटांग
ऊधम
ऊर्ध्व
ऊर्जा
ऊर्मि
ऊहापोह

ए

एंपायर
एंबुलेंस
एकाएक
एक्जिक्यूटिव
एक्जिबिशन
एजेंट
एतबार
एतराज
एफिडेविट
एयर
एलकोहल
एलार्म
एसोसिएशन
एस्पिरिन
एहतियात
एहसान
एहसास

ऐ

ऐंद्रजालिक
ऐक्ट
ऐक्टर
ऐक्टिंग
ऐक्य
ऐतिहासिक
ऐयाश
ऐरावत
ऐलान
ऐंड (AND)
एंड (END)

ओ

ओंठ
ओजस्वी
ओजोन
ओष्ठ

औ

औदार्य
औद्योगिक
औद्योगिकीकरण
औपन्यासिक
औषधि
औषधीय

क

कंकरीट
कंट्रैक्ट
कछुवा
कटूक्ति
कठघरा
कड़वा
कड़ाही
कढ़ाई
कतरब्योंत
कथक
कद्र
कनकौवा
कन्वेंशन
कमबख्त
कमोबेश
करबला
कराची
करेंट
करेंसी
कर्तृत्व
कर्फ्यू
कलक्टर
कलियुग
कवयित्री
कशमकश
कश्मीर
कसबा
कान्फ्रेंस
कांस्टेबिल
काइयां
काउंसिल
कागजात
(कागजातों नहीं)
काबिलीयत
कारबन
कार्रवाई
कालिदास
कालेज
काश्त
कास्मेटिक्स
किंवदंती
किश्ती
किस्त
किस्मत
कीर्तिमान
कुंवारा
कुआं

कुतूहल
कुरता
कुरबानी
कुरसी
कुलफी
कुसूर
कुहनी
कुहराम
केंद्रीकरण
केसर
कैकेयी
कैलास
कैलेंडर
कोश (शब्दकोश)
कोष (खजाना)
कौवा

ख
खंभा
खजांची
खपरैल
खब्त
खयाल
खयालात
खलियान
खातिमा
खिसियाना
खीज
खुरदरा
खूंखार, खूख्वार
ख्वाहिश

ग
गंड़ासा
गंवई
गंवाना
गंवार
गठबंधन
गड्ढा
गण्यमान्य
गत्यवरोध
गरदन
गरम
गरमी
गर्दिश
गार्डेन
गार्हस्थ्य
गिरजाघर
गिलटी
गिलास
गुंजाइश
गुंबद
गुरदा
गुरु
गृह (घर)
गृहस्थ
गृहिणी
गृहीत
गेहुंअन
गेहुआं
गेहूं
गैंडा
ग्रह (नक्षत्र)
ग्रेजुएट
गोरिल्ला

घ
घमासान
घरेलू
घिग्घी
घुंघरू
घुसपैठ
घेघा
घिराव
घोंघा
घोंसला

च
चमगादड़
चमत्कारक
चरखा
चरबी
चरागाह
चस्का
चस्पां
चहारदीवारी
चाहिए
चिनगारी
चिह्न
चीत्कार
चुहल
चूचुक
चेक
चेयर
चैलेंज
च्यवन

छ
छंटनी
छमाही
छरहरा
छात्र
छिपकली
छुरा
छुआछूत

ज

जंकशन
जंभाई
जबान
जबदरस्त
जब्त
जमहूरियत
जमींदार
जवाहिरात
जागृति
जाग्रत
जाज्वल्य
जामाता
जामुन
जिजीविषा
जिम्मेदार
जिहाद
जुकाम
जुड़वां
जुनून
जुर्माना
जुलूस
जूठन
जूठा
जूही
जेबरा
जैकेट
जोखिम
ज्योत्स्ना

झ

झनकार
झींखना
झोंपड़ी

ट

टाइप
टाइपिस्ट
टाइमटेबुल
टाइल
टाउन
टायफायड
टायलेट
टिकट
टिटिहरी
टिड्डा
टीन
टुटपुंजिया
टुथपेस्ट
टेंटुवा
टेबुल
टेरीलीन
टेलीग्राफ
टेलीप्रिंटर
टेलीफोन
टेलीविजन
टैबलेट
ट्रांसफर
ट्रेजेडी

ठ

ठंडा
ठठेरा
ठठोली
ठाट-बाट
ठुड्डी
ठोंकना

ड

डंड
डब्बा
डसना
डांवांडोल
डाइरेक्टर
डाइनिंग-रूम
डाइन
डइनामाइट
डाउन
डायबिटीज
डिगरी
डिजाइन
डिलिवरी
डेयरी
डेलटा
डेलिगेट
ड्राइवर
ड्रेस

ढ

ढिंढोरा
ढकना
ढाढ़स
ढूंढ़ना

त

तंदुरुस्त
तगड़ा
तड़पना
तत्व
तत्वावधान
तनख्वाह
तनहा

तन्वंगी
<u>तफतीश</u>
<u>तबदील</u>
तबीयत
तरकश
तरजुमा
तलवा
तल्ख
<u>तवज्जुह</u>
तवारीख
<u>तसवीर</u>
तादात्म्य
तादाद
तादृश
तानपूरा
तारपीन
तावीज
तिजोरी
तिलस्म
तिलांजलि
तुष्टि
तुष्टीकरण
तेलुगू
<u>तोबा</u>
त्योहार
तौलना

थ

थर्मस
थर्मामीटर
थिएटर

द

दंपति
<u>दफन</u>
दफ्तर
दयार्द्र
दयालु
दरखास्त
दरमियान
दरसाना
दर्जी
दरियाफ्त
दरिद्र
दही (पु.)
<u>दारोगा</u>
दीनार
दीर्घायु
दीवाना
दीवार
दीया
दु:स्वप्न
दु:सह
दु:साध्य
दु:साहस
दुकान
दुतकार
दुतरफा
दुनिया
<u>दुपहर</u>
दुरंगा
दुरूह
<u>दुलहन</u>
दुश्चक्र
दुष्कर्म
दुष्प्रकृति
दुष्प्रभाव
दुष्प्रवृत्ति
दूरबीन
दूल्हा
दृश्य
द्रव (तरल)
द्रव्य (पदार्थ)
दृष्टि
द्रष्टा
द्वंद्व
द्वारका
देदीप्यमान
देशी
देहलीज
दोहरा
द्रौपदी

ध

धराशायी
धायं
धुआं
धौंस
ध्यातव्य

न

नई
नगद
नदारद
नन्ही
नरक
नरगिस
नरम
नवीकरण
नवीनीकरण
नस्ल
नसीहत
नहीं
नाइट
नाइन

नाकारा
नि:शंक
(निश्शंक)
नि:शब्द
(निश्शब्द)
नि:शस्त्र
(निश्शस्त्र)
नि:शस्त्रीकरण
(निश्शस्त्रीकरण)
नि:शुल्क
(निश्शुल्क)
नि:श्वास
निशाचर
नि:संकोच
(निस्संकोच)
नि:संतान
नि:संदेह (निस्संदेह)
नि:सहाय
(निस्सहाय)
नि:स्पृह
नि:स्वार्थ
(निस्स्वार्थ)
निगेटिव
निरपराध
निर्द्वंद्व
नीबू
नीयत
नीलाम
नीहारिका
नुकसान
नुमाइश
नुसखा
नृशंस
नेकनीयत
नेतागिरी

नैवेद्य
नोक
नोक-झोंक
नोचना
न्यायाधीश
न्यायिक
न्यूक्लियर
न्योछावर
न्योता

प

पंखड़ी
पड़ोसी
पतंजलि (ऋषि)
पत्नी
पब्लिक
परचा
परछाईं
परत
परदा
परांठा
पराया
परिग्रह
परिणत
परिणीता
परिप्रेक्ष्य
पश्चिमीकरण
पलटन
पश्चाताप
पसोपेश
पहचान
पहला
पांचवां
पांचाली
पाइलट

पाउडर
पाकेट
पाजामा, पायजामा
पायंचा
पारायण
पाशविक
पाश्चात्यीकरण
पासा
पियानो
पिस्तौल
पुनरावृत्ति
पुनरुज्जीवन
पुरजा
पुरस्कार
पुष्टि
पुष्टीकरण
पूर्वार्द्ध
पेच
पेचकश
पेट्रोल
पेनिसिलिन
पेरोल
पैकेट
पैतरा
पैतृक
पैदाइश
पैबंद
पैवीलियन
पैसेंजर
पोटैशियम
पौधा
प्रकट
प्रज्वलित
प्रतिच्छाया
प्रतिद्वंद्वी

प्रतीक्षा
प्रत्युत्पन्नमति
प्रत्यवलोकन
प्रदर्शनी
प्रवृत्ति
प्रविष्टि
प्राइमरी
प्राइवेट
प्रासाद
प्रिंसिपल
प्रौद्योगिक
प्वाइंट

फ

फरमाइश
फर्जी
फव्वारा
फाइल
फाइनल
फारमूला
फिटकरी
फितूर
फिलासफी
फुजूल
फुरती
फुरतीला
फुरसत
फूत्कार
फेहरिस्त
फैक्टरी

ब

बंटवारा
बंध्या
बख्शिश
बगला
बगीना
बटुआ
बतख
बतासा
बनजारा
बनिस्बत
बरखास्त
बरतन
बरताव
बरदाश्त
बरफी
बरबाद
बल्ब
बहन
बहिष्कार
बाइस्कोप
बाण
बादाम
बायकाट
बालटी
बावरची
बाशिंदा
बियर
बिल्कुल
बिस्कुट
बिहिश्त
बीचोबीच
बीवी
बृहत्
बृहस्पति
बुरका
बूआ
बेंच
बेंत
बेईमान
बेशर्म
बैगन
बैलेंस
ब्योरा

भ

भंगड़ा
भगीरथ
भट्ठा, भट्ठी
भड़भूंजा
भड़ास
भरता (बैगन का)
भाषायी
भीगना
भीरु
भूलभुलैया
भेस
भैया
भोंड़ा
भोथरा
भौचक्का
भ्रकुटि
भ्रष्ट
भ्रातृत्व

म

मंत्री
मजमा
मजमून
मझधार
मझला
मनसूबा
मन:स्थिति
मनीआर्डर

मरजी
मरहम
मर्तबा
मृतप्राय
मशवरा
मसजिद
महंगा
महत्व
मांझी
माडर्न
माइक्रोफोन
माइक्रोस्कोप
मायका
मारफत
मालूम
माहात्म्य
मिनट
मिरगी
मिरजा
मलिटरी
मिल्कीयत
मिष्टान्न
मिस्र
मीचना
मुंडासा
मुंड़ेर
मुंतखिब
मुंतजिर
मुंहासा
मुअत्तल
मुआवजा
मुआयना
मुकदमा
मुकम्मल
मुकाबला

मुकुट
मुख्तार
मुखालिफ
मुनादी
मुरगा, मुरगी
मुरदा
मुरौवत
मुलजिम
मुल्तवी
मुलाहजा
मुसकराना
मुसकराहट
मुसकान
मुसलिम
मुहताज
मुहब्बत
मुहम्मद
मुहर
मुहर्रम
मुहल्ला
मुहूर्त
मूंछ
मूंड़ना
मूर्च्छा
मूर्च्छित
मूसलाधार
मेहंदी
मेडिकल
मेडिसिन
मेढक
मेहनत
मेहमान
मैकेनिक
मैनुअल
मोटापा

मोरचा
म्लेच्छ

य

यानी
यूनिफार्म
यूनियन
यूनिवर्सिटी
यूरोप
योद्धा

र

रईस
रखेल
रचयिता
रजिस्टरी
रडार
रफ्तार
रसोइया
राइफल
राजनीतिक
राष्ट्रीयकरण
राहु
रिआयती
रिआया
रिफरेंडम
रियासत
रिहाइश
रुआब
रुई
रुग्ण
रुखसत
रुचि
रूटीन
रूढ़ि

रूमाल
रेडीमेड
रेफरी
रेलवे
रेवेन्यू
रेस्तरां
रोआंसा
रोशनी
रौनक

ल
लब्धप्रतिष्ठ
लमहा
लहंगा
लहूलुहान
लाइट
लाइन
लाइफ
लाइब्रेरी
लाइसेंस
लिपस्टिक
लीटर
लेटरबाक्स
लेफ्टिनेंट
लैबोरेटरी
लोहार
लौहपुरुष

व
वंशी
वगैरह
वज्र
वधिक
वधू
वन
वनस्पति
वय:संधि
वयस्क
वरक
वरजिश
वरना
वल्दीयत
वसंत
वाजपेयी
वापस
वाल्मीकि
वायदा
विकिरण
विद्युतीकरण
विशिष्ट
वेश
वेशभूषा
वेश्या
वैकुंठ
वैर
वैशाख
व्यंग्य
व्यवसाय
व्यावसायिक
व्यवहार
व्यावहारिक

श
शऊर
शख्स
शख्सीयत
शनाख्त
शरबत
शर्म
शरमाना
शरीअत
शलगम
शाबाश
शिगूफा
शुतुरमुर्ग
शुद्धि
शुद्धीकरण
शुबहा
शुरू
शुरुआत
शुश्रूषा
शोचनीय
श्मशान
श्वास

ष
षष्टि (साठ)
षष्ठी (तिथि)
षोडशी

स
संक्षिप्तीकरण
संगृहीत
संगठन
संतुष्टीकरण
संपेरा
संन्यास
संभलना
संस्तुति
सचाई
सदृश
सन्निहित
समष्टीकरण
सम्मिश्रण
सम्मोहन

समुद्र
सर्कस
सर्टिफिकेट
सर्दी
सरसों
सर्राफ
सवेरा
सहस्र
सांड़
साइकिल
साईस
साझा
सातवां
सादृश्य
साधु
सान्निध्य
साबिका
साबूत
साम्राज्ञी
सामूहिक
सार्वकालिक
साहूकार
सिगनल
सिगरेट
सिर
सिवाय
सीक्रेट
सीखचा
सीमेंट
सुचारु
सुबूत
सुरती
सुरमा
सुर्खाब
सुलतान

सुलूक
सुश्रुत
सुषुप्त
सुहृद
सूअर
सूई
सूराख
सेकंड
सेक्रेटरी
सेक्रेटेरियट
सेनेटोरियम
सेमिफाइनल
सैकड़ों
सोसाइटी
सोहार्द
स्तोत्र
स्थायी
स्पष्टीकरण
स्पिरिट
स्रोत
स्वयंभु
स्वस्थ
स्वास्थ्य

ह

हजम
हजूम
हबशी
हरगिज
हलका
हलदी
हलवा
हाई
हाउस
हार्मोन
हालांकि
हिंदू
हिंदुत्व
हितैषी
हुकूमत
हुजूर
हेलीकाप्टर
होंठ
होमियोपैथी

एक
दो
तीन
चार
पांच
छह
सात
आठ
नौ
दस
ग्यारह
बारह
तेरह
चौदह
पंद्रह
सोलह
सत्तरह
अठारह
उन्नीस
बीस
इक्कीस
बाईस
तेईस
चौबीस
पच्चीस
छब्बीस

सत्ताईस
अट्ठाईस
उनतीस
तीस
इकतीस
बत्तीस
तैंतीस
चौंतीस
पैंतीस
छत्तीस
सैंतीस
अड़तीस
उनतालीस
चालीस
इकतालीस
बयालीस
तैंतालीस
चौवालीस
पैंतालीस
छियालीस
सैंतालीस
अड़तालीस
उनचास
पचास
इक्यावन

बावन
तिरपन
चौवन
पचपन
छप्पन
सत्तावन
अट्ठावन
उनसठ
साठ
इकसठ
बासठ
तिरसठ
चौंसठ
पैंसठ
छियासठ
सड़सठ
अड़सठ
उनहत्तर
सत्तर
इकहत्तर
बहत्तर
तिहत्तर
चौहत्तर
पचहत्तर
छिहत्तर

सतहत्तर
अठहत्तर
उन्नासी
अस्सी
इक्यासी
बयासी
तिरासी
चौरासी
पिचासी
छियासी
सत्तासी
अट्ठासी
नवासी
नब्बे
इक्यानबे
बानबे
तिरानबे
चौरनबे
पंचानबे
छियानबे
सत्तानबे
अट्ठानबे
निन्यानबे
सौ

स्वस्थ पत्रिका के लिए आचार संहिता

पत्रकारिता का मूलभूत उद्देश्य है समाचार, विचार, टिप्पणियों और अन्य सूचनाओं से जनता की सेवा करना। ये समाचार, विचार, टिप्पणियां और सूचनाएं निष्पक्ष, शुद्ध, सटीक, संतुलित, सौम्य और जनहित में ही होनी चाहिए। अमर उजाला के संपादकीय विभाग से यह अपेक्षा की जाती है कि वह आत्मसंयम रखते हुए पत्रकारिता के कुछ सार्वभौमिक मानदंडों का पालन करे। यहां पत्रकारिता के कुछ ऐसे ही निश्चित प्रतिमानों का उल्लेख है, जिनका पालन करके पत्रकारिता के मूल उद्देश्य को बरकरार रखा जा सकता है।

निष्पक्षता और शुद्धता

संपादकीय विभाग को अशुद्ध, आधारहीन, तथ्यहीन, गरिमाहीन, गुमराह करने वाली या तोड़-मरोड़ कर पेश की जाने वाली खबरें देने की प्रवृत्ति से परहेज करना चाहिए। किसी भी मुद्दे या विषय के सभी पहलुओं को प्रस्तुत करना चाहिए। अपुष्ट अफवाह या अनुमानों को तथ्य के रूप में प्रस्तुत करना अवांछनीय है।

प्रकाशन से पहले पुष्टीकरण

कोई ऐसी खबर या लेख जो जनहित में हो, लेकिन उसमें किसी व्यक्ति विशेष के प्रति कोई टिप्पणी या आरोप निहित हो तो उसकी तथ्यात्मक शुद्धता की सावधानीपूर्वक जांच की जानी चाहिए। जांच के लिए विश्वसनीय सूत्र तो माध्यम हैं ही, संबंधित व्यक्ति के दृष्टिकोण, टिप्पणी या प्रतिक्रिया को भी रिपोर्ट में शामिल करना चाहिए। किसी प्रतिक्रिया के न मिल पाने की स्थिति में तत्संबंधी उल्लेख रिपोर्ट में कर देना चाहिए।

मानहानिकारक लेखन के प्रति सतर्कता

- किसी व्यक्ति विशेष या संस्थान से जुड़ी कोई ऐसी खबर जिससे उसकी छवि खराब होती हो या मानहानि हो, तब तक नहीं प्रकाशित करनी चाहिए, जब तक कोई वाजिब कारण न हो या इस बात की जांच-परख न हो जाए कि खबर बिल्कुल सही है और इसका प्रकाशन जनहित के लिए जरूरी है।
- किसी की छवि खराब करने वाली या मानहानि करने वाली जिस खबर से जनहित का कोई वास्ता न हो, वह खबर सत्य होने पर भी बचाव का माध्यम नहीं बन सकती।
- सिवाय जनहित के दुर्लभ मामलों के अन्य किसी भी मामले में मृत व्यक्ति के खिलाफ कोई अपमानजनक टिप्पणी नहीं करनी चाहिए, क्योंकि मृत व्यक्ति उन टिप्पणियों का खंडन करने या नकारने नहीं आ सकता।
- किसी व्यक्ति की वर्तमान गतिविधि पर टिप्पणी करने के लिए

उसके अतीत के आपत्तिजनक चाल-चलन या व्यवहार को आधार नहीं बनाना चाहिए। यदि जनहित में ऐसा करना बहुत जरूरी हो तो उसके प्रकाशन से पहले अधिकृत माध्यम से उसकी अच्छी तरह जांच-पड़ताल कर लेनी चाहिए।

- प्रेस का यह कर्तव्य, विवेकाधिकार और अधिकार है कि जनहित में वह संदिग्ध चरित्रों की ओर पाठकों का ध्यानाकर्षण करे, लेकिन एक जिम्मेदार पत्रकार का यह भी दायित्व है कि व्यक्तिगत रूप से उन्हें 'धोखेबाज' या 'हत्यारा' कहने की प्रवृत्ति से बचें। अपनी ओर से ऐसा कोई निष्कर्ष भी नहीं निकालना चाहिए। सिद्धांत यह है कि आरोप के तथ्यात्मक सबूतों के आधार पर ही किसी व्यक्ति के दोषों को परखना चाहिए। आरोपी के खराब चरित्र को आधार नहीं बनाना चाहिए। मतलब यह है कि निष्पक्ष टिप्पणी और नैतिकता के तकाजे को सीमा का उल्लंघन कभी नहीं करना चाहिए।
- किसी आपत्तिजनक खबर या सामग्री के प्रकाशन से यदि किसी की छवि बिगड़ती है, तो पत्रकार का यह दायित्व है कि वह यह स्थापित करे कि वह अपनी जगह सही है और उसने जो भी टिप्पणी की है वह दुर्भावनारहित और जनहित में है।

स्पष्टीकरण

किसी व्यक्ति के घर, परिवार, धर्म, स्वास्थ्य, यौन व्यवहार, निजी जीवन और निजी संबंध व गतिविधियां -प्रायवेसी' (गोपनीयता) की श्रेणी में आती हैं। यह जरूर है कि ये सारी चीजें तभी तक प्रायवेसी की श्रेणी में आती हैं, जब कि इनका टकराव जनहित से नहीं होता है।

पहचान खुलासा करने के प्रति सतर्कता

बलात्कार या किसी महिला का अपहरण अथवा बच्चे पर यौन आक्रमण के मामलों में पीड़ित का नाम, फोटोग्राफ या उसकी अन्य प्रमुख पहचान को प्रकाशित नहीं करना चाहिए।

हिंसा का महिमामंडन नहीं होना चाहिए

किसी हिंसात्मक कार्य, सशस्त्र लूटपाट व आतंकवादी गतिविधियों को महिमामंडित नहीं करना चाहिए। कहीं से ऐसा न लगे कि अपराधकर्म, अपराधी की ओर से की गई कोई घोषणा या उसकी मौत को लोगों की निगाह में महिमामंडित किया गया है।

जातीय विवाद या संघर्ष

जातीय या धार्मिक विवाद अथवा संघर्ष से जुड़ी खबरों को पूरी तरह से खोज-परख के बाद ही प्रकाशित करना चाहिए। उनका प्रकाशन भी इस तरह से किया जाना चाहिए कि उससे माहौल तो सामान्य बने ही, सामुदायिक सद्‌भावना, मैत्री और शांति भी कायम हो। सनसनीखेज, उत्तेजक या चौंकाने वाले शीर्षकों से बचना चाहिए। सामुदायिक हिंसा या बर्बरता को इस तरह से प्रकाशित नहीं करना चाहिए कि उससे लोगों का विश्वास राज्य की कानून-व्यवस्था से उठ जाए। जातीय हिंसा में अलग-अलग समुदाय के पीड़ितों के आंकड़े देने, या खबरों को इस अंदाज में प्रस्तुत करने से बचना चाहिए जिससे उत्तेजना या तनाव बढ़े या उनका आपसी संबंध और बिगड़े।

जातीय विवाद या संघर्षों के मामले में

(अ) सनसनीखेज या उत्तेजनात्मक शीर्षक से बचें।

(ब) शीर्षक प्रकाशित सामग्री को जस्टीफाई करता हुआ ही हो।

(स) किसी के द्वारा लगाए किसी आरोप या वक्तव्य से जुड़े शीर्षक में उस व्यक्ति या संस्था का स्पष्ट रूप से उल्लेख होना चाहिए।

जाति, धर्म या सामुदायिक संदर्भ

- सामान्यत: किसी व्यक्ति की पहचान उसकी जाति के आधार पर बताने या वर्ग विशेष के उल्लेख से बचना चाहिए।
- 'हरिजन' शब्द का प्रयोग नहीं करना चाहिए।
- यदि किसी की जाति या उसके समुदाय का खबर से कोई लेना-देना नहीं है, तो उसकी जाति या समुदाय का उल्लेख नहीं होना चाहिए

- ऐसी किसी भी काल्पनिक सामग्री का प्रकाशन नहीं करना चाहिए, जिससे किसी व्यक्ति की धार्मिक भावनाएं आहत होती हों।
- पीर, पैंगबर, ऋषि, मनीषियों के नामों का व्यापारिक उपयोग पत्रकारिता के उसूलों के खिलाफ है।

न्यायिक मामलों में

- मामला यदि कोर्ट के विचाराधीन हो तो आरोपी के संदर्भ में खोजी पत्रकारिता के परिणामस्वरूप उपलब्ध किसी साक्ष्य के आधार पर कोई टिप्पणी नहीं की जानी चाहिए। आरोपी द्वारा किए गये कथित तौर पर इकबाल-ए-जुर्म की समीक्षा, उस पर टिप्पणी या उसका रहस्योद्घाटन नहीं करना चाहिए।
- यदि जनहित में न्यायिक कार्य या फैसले पर कोई तर्कसंगत समालोचना करनी है, तो वह कटु निंदा, लांछन लगाने की नीयत या व्यक्तिगत दुर्भावाना से नहीं होना चाहिए। न ही न्यायाधीश की कमियों, खामियों को इंगित करते हुए कोई व्यक्तिगत आरोप लगाया जा सकता है। साथ ही न्यायालय और न्यायपालिका को स्कैंडल का मामला भी नहीं बनाया जा सकता।
- ऐसी किसी भी अनुचित आलोचना से बचना चाहिए, जिससे किसी न्यायाधीश को किसी मामले के विचार के दौरान न्यायिक कार्य में बाधा पहुंचे, भले ही उस टिप्पणी से न्यायालय की कोई गंभीर आपराधिक अवहेलना न होती हो।

●●●

14

अच्छी हिंदी के लिए कुछ दिशा-निर्देश

- भारतीय संविधान की धाराओं को अनुच्छेद कहा जाता है। संविधान के अंतर्गत बनाए गये कानून धाराएं होती हैं।
- तिथि या तारीख के बाद 'पर' नहीं, 'को' लगाना चाहिए। साल या महीने के साथ 'में' लगता है। जैसे, 1998 में, जनवरी 1980 में, लेकिन 4 जनवरी, 1980 को या सोमवार को लिखना चाहिए।
- लिखना, बोलना, पढ़ना क्रियार्थक संज्ञाएं हैं। इनका प्रयोग पुल्लिग में होता है, जैसे–रमा को हिंदी बोलना नहीं आता या मुझे कहानी पढ़ना अच्छा लगता है या वह कविता लिखना जानती है।
- काया स्त्रीलिंग है और पलट पुल्लिग, पर कायापलट का प्रयोग पुल्लिग में ही होता है, जैसे–घर की अनुशासन व्यवस्था का कायापलट हो गया।
- दूसरी भाषाओं से अनेक शब्द हिंदी ने ग्रहण किए हैं, लेकिन जब दूसरी भाषाओं से कोई संज्ञा ली जाए तो उन संज्ञाओं के अन्य रूप अपनी भाषा की प्रकृति के अनुसार बनाने चाहिए। जैसे–उर्दू शब्द 'शायर' का बहुवचन हम 'शायरों' करते हैं, शुअरा नहीं। इसी तरह हिंदी में डीलरों, मैचों, कॉलेजों, टैंकरों, स्टोरों, शेयरों आदि को हिंदी की प्रकृति के अनुरूप ढाला गया है। कुछ अंगेरजी शब्दों का बहुवचन प्रारंभ में अटपटा लग सकता है, पर एकरूपता के निर्वाह और हिंदीपन की रक्षा के लिए इसी नियम का पालन करना चाहिए।
- सामान, फर्नीचर, मशीनरी, एजेंडा आदि ऐसे शब्द हैं, जिनका

बहुवचन नहीं होता।

- पेंच अशुद्ध है। पेच लिखना चाहिए।
- जल्द क्रियाविशेषण है–जल्द आइए। जल्दी संज्ञा है–उसने जल्दी की।
- भ्रम मिथ्या ही होते हैं, इसलिए मिथ्या भ्रम नहीं लिखना चाहिए।
- 'इक्का-दुक्का' शब्द का लिंग या वचन नहीं बदलता। 'इक्के-दुक्के लोग' या 'इक्की-दुक्की महिलाएं' गलत प्रयोग है।
- देखने के अर्थ में दर्शन का प्रयोग बहुवचन में ही होता है–एकवचन में नहीं। जैसे, बहुत दिनों के बाद आपके दर्शन हुए। आपका दर्शन हुआ गलत है।
- आदि के पहले और नहीं लगना चाहिए। राम, श्याम और मोहन आदि मेरे मित्र हैं के बजाय राम, श्याम, मोहन आदि मेरे मित्र हैं लिखना चाहिए।
- सिगरेट का प्रयोग स्त्रीलिंग में ही करना चाहिए।
- बीचोबीच में अनुस्वार नहीं लगेगा, क्योंकि बीच का बहुवचन नहीं होता। लेकिन रातोंरात और कानोंकान में अनुस्वार आवश्यक है। रात और कान का बहुवचन बनता है।
- आलोचना, समीक्षा और साहित्यिक फतवेबाजी का अंतर समाप्तप्राय सा हो गया है। इस वाक्य में दो गलतियां हैं। समाप्तप्राय होना चाहिए। यहां विसर्ग नहीं लगेगा। दूसरे समाप्तप्राय के बाद सा की आवश्यकता नहीं है। प्राय वही काम करता है जो सा।
- खंडपीठ या संविधान पुल्लिग हैं। पीठ जहां कमर के अर्थ में प्रयुक्त होता है, वहां स्त्रीलिंग रहेगा।
- जज्बातों अशुद्ध है। जज्बात जज्बा का बहुवचन है, जैसे– कागज का कागजात।
- बिल अधिनियम का पूर्व रूप है। जब वह संसद अथवा विधायिका द्वारा पारित हो जाता है उसे राष्ट्रपति अथवा राज्यपाल की सहमति मिल जाती है, तो वह अधिनियम बन जाता है।
- एकमुश्त की वर्तनी सही है, पर किश्त लिखना गलत है। उर्दू में किश्त और किस्त दोनों शब्द हैं। किश्त का अर्थ है–कृषि या

खेती। इसी से काश्तकार और किश्तकार बना है। किस्त का अर्थ है–भाग, अंश, हिस्सा आदि।

- अहम उर्दू का शब्द है। इसका अर्थ है–महत्त्वपूर्ण, जोरदार, खास, मुख्य आदि। संस्कृत में अहम् का अर्थ है–मैं, अहंभाव, अहंतत्व आदि। हिंदी ने संस्कृत के जिन शब्दों को अपनाया है, उनका हलंत हटाकर। इसलिए हिंदी में उसे अहं लिखना चाहिए।
- क्रिया-विशेषण और क्रिया का संज्ञा रूप नित्य पुल्लिग होता है। जैसे–राम दौड़ते हुए आया। सीता दौड़ते हुए आई। सीता दौड़ती हुई आई लिखना गलत है। क्रिया के संज्ञा रूप का उदाहरण है–शराब पीना अच्छी बात नहीं है। या लस्सी पीना तो आप भूल गए। मीनाक्षी ने शराब पीनी छोड़ दी लिखना गलत है।

अंगरेजी के प्रचलित शब्दों की सूची

अंगरेज	अकादमी	अक्तूबर	अगस्त	अलमारी
आरकेस्ट्रा	आलपिन	इंग्लैंड	इंच	इंजन
इंजीनियर	इंस्पेक्टर	इनफ्लुएंजा	एंबुलेंस	एक्सरे
एजेंट	एजेंसी	एटलस	एड्स	एलार्म
एसिड	ऐंटीसेप्टिक	ऐक्ट	ऐक्टर	ऐडमिरल
ऐडवोकेट	ओजोन	ओवरसियर	कंट्रोल	कंपाउंडर
कंपोजिंग	कंपोजिटर	कमेटी	करेंट	करेंसी
कर्फ्यू	कलक्टर	क्लर्क	कांजीहाउस	कान्फ्रेंस
कांस्टेबिल	काउंसिल	कामरेड	कारबन	कालर
कालेज	कास्टिक	कास्मेटिक्स	किलोग्राम	किलोमीटर
कैंप	कैप्सूल	कैरियर	कैलेंडर	क्रिकेट
क्लिप	क्लब	क्लोरोफार्म	गजट	गवर्नर
गैलरी	ग्रामोफोन	ग्रेच्युटी	चर्च	चिमनी
चेंबर	चेक	चेन	जनरेटर	जनवरी
जुलाई	जून	जेबरा	जेल	जेलर
जैकेट	टाइपिस्ट	टाइल	टाई	टायफाइड
टिंचर	टिकट	टीन	टेनिस	टेलीग्राफ
टेलीग्राम	टेलीपैथी	टेलीप्रिंटर	टेलीफोन	टेलीविजन
टैक्सी	ट्रक	ट्रस्ट	ट्राम	डाइनामाइट

डॉक्टर	डायरी	डालर	डिस्पेंसरी	डेस्क
ड्यूटी	ड्राइवर	थर्मस	थर्मामीटर	दिसंबर
नर्स	नर्सरी	निगेटिव	नोट	पंप
पब्लिक	पाउडर	पार्क	पार्टी	पार्सल
पालिश	पालिसी	पासपोर्ट	पिकनिक	पिन
पियानों	पेंडुलम	पेंटिंग	पेंशन	पेंसिल
पेटीकोट	पेटेंट	पेट्रोल	पेडल	पेन
पेपर	पेस्टल	पैंट	पैंट्री	पैकेट
पैनल	पैनिसिलीन	पैराग्राफ	पैराशूट	पैविलियन
पैसेंजर	पोटैशियम	पोप	पोलियो	पोलो
पोस्टमार्टम	पोस्टर	प्राइवेट	प्रिवीपर्स	प्रूफ
प्रोजेक्ट	प्रोजेक्टर	प्रोटीन	प्रोफेसर	प्लाइवुड
प्लास्टर	प्लास्टिक	प्लेग	प्लेटफार्म	फर
फरवरी	फाइनल	फाइल	फायरब्रिगेड	फार्म
फारमूला	फासिस्ट	फिल्म	फीचर	फीस
फुट	फुटपाथ	फुटबाल	फेल	फोटो
फोकस	फ्यूज	फ्राक	फ्रेम	फ्लास्क
बजट	बटन	बटालियन	बम	बर्थ
बल्ब	बॉक्सिग	बाथरूम	बॉर्डर	बॉल
बालकनी	बॉलपेन	बिगुल	बिल	बिलियर्ड
बिल्टी	बिशप	बुलडॉग	बुलेटिन	बेंच
बेकरी	बेल्ट	बैंक	बैंड	बैच
बैज	बैट	बैटरी	बैले	बोतल
बोनस	ब्यूरो	ब्रश	ब्रिगेड	ब्रेक
ब्लाक	ब्लेड	ब्लैकलिस्ट	मई	मजिस्ट्रेट
मलेरिया	मशीन	मॉडर्न	मॉडल	मार्च
मार्शल लॉ	मिनट	मिनिस्टर	मिल	मिलिटरी
मिलीग्राम	मिलीमीटर	मिशन	मिशनरी	मिसाइल
मीटर	मीटिंग	मूड	मैकेनिक	मेडल
मेडिकल	मेयर	मैच	मैडम	मैनहोल
मैनेजर	मोटर	यूक्लिपटस	यूनिफार्म	यूनियन
यूनिवर्सिटी	यूरेनियम	यूरोप	रजिस्टर	रजिस्टरी
रडार	रन	रम	राइफल	राकेट

रायल्टी	राशन	रिकार्ड	रिफाइनरी	रिबन
रिमांड	रिवाल्वर	रिहर्सल	रीडर	रूटीन
रेजर	रेड	रेडक्रास	रेडियम	रेडियो
रेडीमेड	रेफरी	रेलवे	रेलिंग	रेवेन्यू
रैंक	रैक	रैली	रोमांटिक	रोमांस
लंच	लाइट	लाइटर	लाइन	लाइब्रेरी
लाइसेंस	लाकेट	लाटरी	लॉन	लॉबी
लिटमस	लिफ्ट	लिस्ट	लीटर	लीडर
लेंस	लेटरबॉक्स	लेफ्टिनेंट	लैंप	लैबोरेटरी
लोशन	वाइरस	वाउचर	वाकआउट	वारंट
वारनिश	वार्ड	वार्डन	वॉलीबॉल	विकेट
वीजा	वीटो	वेटिंगरूम	वैक्सीन	वैगन
वैन	वोट	वोल्टेज	शिफ्ट	शेड
शेयर	समन	सरचार्ज	सर्कस	सर्किट हाउस
सर्चलाइट	सर्च वारंट	सर्जन	साइकिल	साइरन
सायनाइड	सार्जेंट	सिंडिकेट	सिंथेटिक	सिगनल
सिगरेट	सिगार	सितंबर	सिरिंज	सिलेंडर
सिस्टर	सी.आई.डी.	सीनियर	सीनेट	सीनेटर
सीमेंट	सीरियल	सुप्रीम कोर्ट	सूट	सूप
सेंटीग्रेड	सेंटीमीटर	सेंसर	सेकंड	सेकुलर
सेक्टर	सेक्रेटरी	सेक्शन	सेक्स	सेल
सेल्समैन	सैंडल	सैलून	सोडा	सोफा
सोसाइटी	स्कर्ट	स्काउट	स्कार्फ	स्कीइंग
स्कूल	स्केटिंग	स्कोर	स्क्रीन	स्टंट
स्टाफ	स्टाल	स्टुडियो	स्टूल	स्टेशन
स्टोर	स्टोव	स्ट्रेचर	स्पंज	स्पिरिट
स्प्रिंग	स्लेट	स्विच	हनीमून	हर्निया
हाइड्रोजन	हाइफन	हॉकर	हॉकी	हॉबी
हारमोनियम	हार्मोन	हॉल	हिप्नोटिज्म	हीरो
हीरोइन	हुक	हूटिंग	हेलीकॉप्टर	हेल्मेट
हैंगर	हैंडल	होटल	होमियोपैथी	होलसेल
होल्डर	होस्टल	होस्टेस	व्हिस्की	व्हेल

●●●

15

वर्तनी की माया

1990 के दशक के प्रारंभ में हिंदी में साप्ताहिक पत्रकारिता का बड़ा जबरदस्त विस्फोट हुआ था। तब संडे आब्जर्वर नामक वीकली ने बड़ा जबरदस्त हंगामा काटा था। हंगामे की बड़ी वजह अखबार की भाषा थी। वर्तनी थी। हम छात्रों एवं पत्रकारिता का कोर्स कर रहे विद्वानों के लिए यहां उस अखबार की वर्तनी का भी प्रकाशन कर रहे हैं–

1. हम । (विराम) की जगह . (अंगरेजी का स्टॉप) का प्रयोग करेंगे।
2. विभक्ति चिह्न (ने, से, को) सर्वनामों के अलावा बाकी सभी जगह अलग लिखेंगे जैसे–राम ने, स्त्री को, स्त्री से, मुझ को. पर संज्ञा के साथ विभक्ति चिह्न जोड़ कर लिखे जा सकते हैं।
3. सर्वनाम शब्दों में विभक्ति चिह्न मिला कर लिखेंगे, जैसे–उसने, उसको, उससे, उस पर. यदि सर्वनाम शब्दों के साथ दो विभक्ति चिह्न आएं तो पहला मिला कर और दूसरा अलग लिखा जाएगा, जैसे–उसके लिए, इसमें से।
4. सर्वनाम और विभक्ति के बीच 'ही', 'तक' आ रहे हों तो विभक्ति अलग लिखनी पड़ेगी। जैसे–आप ही के लिए, मुझ तक को।
5. संयुक्त क्रियाओं में अंगभूत क्रियाएं अलग-अलग लिखी जाएंगी, जैसे–पढ़ा करता है, आ सकता है, जा सकता है, कर सकता है, खेला करेगा, घूमता रहेगा।
6. अव्यय हमेशा अलग लिखे जाएंगे। हिंदी में कई तरह के भाव दिखानेवाले अव्यय हैं। जैसे–ही, तो, सो, भी, न, तब, जब, कब, यहां, वहां, कहां, सदा, क्या, श्री, जी, तक, भर, मात्र, साथ, कि, मगर, लेकिन, चाहे, या, अथवा, तथा वगैरह। कुछ अव्ययों के आगे विभक्ति चिह्न भी आते हैं। जैसे–तब से, अब से, यहां से,

सदा से। नियम यही है कि अव्यय हमेशा अलग लिखे जाएंगे। जैसे–आप ही के लिए, आपके साथ, देश भर, रात भर, दिन भर, मुझे जाने तो दो, काम भी नहीं बना, यहां तक। लेकिन हम आनेवाला, जानेवाला और खानेवाला जैसे शब्द एक साथ लिखेंगे।

7. पहले वाला (पूर्वतालिका) प्रत्यय 'कर' क्रिया से मिला कर नहीं लिखा जाएगा। जैसे–मिला कर, खा कर, पी कर, रो-रो कर। पर समस्त पदों में प्रति, मान, यथा– जैसे अव्यय अलग नहीं लिखे जाएंगे। जैसे–प्रतिदिन, प्रतिशत, मानवमात्र, यथासमय, यथोचित।
8. द्वंद्व समास में पदों के बीच हाइफन लगाया जाएगा। जैसे–देख-रेख, चाल-चलन, हंसी-मजाक, लेन-देन, पढ़ना-लिखना, खाना-पीना, खेलना-कूदना, राम-लक्ष्मण, शिव-पार्वती।
9. पर सामान्य तत्पुरुष समासों में हाइफन लगाने की जरूरत नहीं है। जैसे–रामायण, राजकुमार, गंगाजल, आत्महत्या।
10. आम तौर पर अनुस्वार का प्रयोग किया जाएगा। नियम यह है कि पंचमाक्षर के बाद उसी के वर्ग के बाकी चार वर्णों में से कोई वर्ण आ रहा हो तो अनुस्वार का प्रयोग किया जाएगा। जैसे–गंगा, संपादक, संध्या, धंधा, अंत। पर पंचमाक्षर के बाद किसी और वर्ग का कोई वर्ण आए या वही पंचमाक्षर दोबारा आए तो पंचमाक्षर अनुस्वार में परिवर्तित नहीं होता। जैसे–सम्मति, अन्य, चिन्मय, उन्मुख, अन्न, वाङ्मय। य–वर्ग के व्यंजनों वाले अनेक शब्द, जैसे–सम्यक, कन्या, संन्यास में भी अनुस्वार नहीं लगेगा। पर 'हिंदी' में हम अनुस्वार ही लगाएंगे। संहार, संवाद भी अनुस्वार लगाकर लिखे जाएंगे। पर 'इनकार' को 'इंकार' नहीं लिखा जाएगा।
11. चंद्रबिंदु का प्रयोग हम नहीं करेंगे।
12. अरबी, फारसी या उर्दू के जो शब्द हिंदी के अंग बन चुके हैं और जिनकी मूल ध्वनियां हिंदी ध्वनियों में बदल गयी हैं, उन्हें हिंदी रूप में ही लिखा जाएगा। जैसे–जरूर, ज्यादा। पर जहां नुख्ते का प्रयोग बहुत जरूरी हो और उसके बिना अर्थ का अनर्थ हो सकता हो, वहां नुक्ता जरूर लगाया जाए। जैसे–ज़लील, जलील। बेहतर होगा कि नुक्ते के बारे में निर्णय करते समय श्री रमेश नैयर अथवा सुरेश सिन्हा से सलाह ले ली जाए।

13. अंगरेजी के जिन शब्दों में आधी 'ओ' ध्वनि का प्रयोग होता है, उनके लिए 'आ' की मात्रा (ा) के ऊपर अर्धचंद्र का प्रयोग किया जाए। जैसे–ऑटो, कॉमन।

14. दु:ख, छ: आदि में हम विसर्ग नहीं लगाएंगे और इन्हें दुख, छह लिखेंगे।

15. याने, यानि लिखना गलत है, सही शब्द यानी है।

16. एक वचन (वह) को आदरसूचक रूप देने के लिए 'वे' का प्रयोग प्रचलित है। हम उसी का पालन करेंगे।

17. जिन व्यक्तिवाचक संज्ञाओं से किसी स्थान या व्यक्ति का बोध होता है, उनका रूप विभक्तियों के जुड़ने के कारण नहीं बदलेगा। जैसे–'ढाके की मलमल', 'पटने का गांधी मैदान' की जगह 'ढाका की मललम' या 'पटना का गांधी मैदान' ही सही है।

18. संबंधकारक विभक्तियों के प्रयोग के बारे में इस बात का ख्याल रखा जाना चाहिए कि जिन दो शब्दों वे बीच संबंध बताया गया हो, वे विभक्ति के पास हों, जैसे–'शिक्षा मंत्रियों की दिल्ली में बैठक' के बजाय 'दिल्ली में शिक्षामंत्रियों की बैठक' लिखा जाना चाहिए।

19. देहात, जमीन, मानव, समय जैसे शब्दों के बहुवचन रूप गलत हैं।

20. वाक्य में 'जब' के बाद ही 'तब' आना चाहिए। अंग्रेजी से अनुवाद के प्रभाव में 'तब' पहले इस्तेमाल करके फिर 'जब' जाने की आदत छोड़नी चाहिए।

21. हिंदी वाक्य कर्ता पर टिका होता है। कर्मवाच्य रूप केवल क्रिया पर जोर देते समय ही रखा जाना चाहिए। अंग्रेजी से अनुवाद के प्रभाव में वाक्य को अनावश्यक रूप से कर्म पर टिकाने की आदत पड़ गयी है। उदाहरण के लिए 'मंत्री के द्वारा बैठक बुलायी गयी है' लिखा जाने लगा है, जबकि सही रूप 'मंत्री ने बैठक बुलायी है' होगा। ऐसे वाक्यों में 'द्वारा' के प्रयोग से सदा बचना चाहिए।

22. 'कार्यवाही' और 'कार्रवाई' शब्दों के अलग-अलग अर्थ रूढ़ हो गए हैं। 'कार्यवाही' प्रक्रिया के अर्थ में इस्तेमाल होता है। जैसे–'बैठक की कार्यवाही तीन घंटे चली'। 'कार्रवाई' कोई कदम उठाने के लिए इस्तेमाल होता है। जैसे–'जिला परिषद् अपने फैसलों पर इस नौ अगस्त से कार्रवाई करेगी।"

23. 'राजनीतिक' संज्ञा के रूप में इस्तेमाल होता है और 'राजनैतिक' विशेषण के रूप में। 'राजनीतिज्ञ' शब्द को राजनीति विधा के पंडित का अर्थ बताने के लिए सुरक्षित रखना चाहिए।
24. 'सार्वजनिक प्रतिष्ठानों' अथवा 'सार्वजनिक उद्योगों' के लिए 'सरकारी प्रतिष्ठान' तथा 'सरकारी उद्योग' लिखा जाना चाहिए।
25. 'लोकतंत्र', 'प्रजातंत्र', 'जनतंत्र' और 'गणतंत्र' समानार्थी शब्द हैं। पर एकरूपता की दृष्टि से 'लोकतंत्र' शब्द ही इस्तेमाल किया जाएगा। गणतंत्र दिवस के संदर्भ में तो 'गणतंत्र' का प्रयोग होगा ही, जब गणतंत्र का विशेष अर्थ बताना हो तब भी गणतंत्र शब्द का इस्तेमाल किया जाएगा।
26. 'किश्त' और 'किस्त' के अंतर को ध्यान में रखना चाहिए। किश्त फारसी शब्द है। इसका अर्थ होता है खेती, कृषि और शतरंज की शह। किस्त का अर्थ होता है अंश, हिस्सा।
27. दुर्घटनाओं और प्राकृतिक आपदाओं में लोग मरते हैं। 'बस-ट्रक टक्कर में तीन मारे गए' प्रयोग गलत है। 'मारे गये' का प्रयोग युद्ध, संघर्ष अथवा पुलिस गोलीकांड जैसी स्थितियों में ही उचित है। व्यक्ति की गरिमा के ख्याल से 'एक मरा' की जगह 'एक की मृत्यु' लिखा जाना चाहिए। चार मरे प्रयोग सही है।
28. रेलगाड़ी के लिए केवल 'रेल' शब्द का प्रयोग नहीं किया जा सकता। रेल का अर्थ पटरी होता है न कि रेलगाड़ी।
29. निर्णय, निश्चय, संकल्प किया जाता है, लिया नहीं जाता।
30. अदालती फैसलों, निर्वाचित संस्थानों के अध्यक्षों तथा पीठासीन अधिकारियों के फैसलों को निर्णय लिखा जाए, निश्चय नहीं।
31. हत्या के पहले जघन्य, नृशंस जैसे विशेषण जोड़ना अनावश्यक है। हत्या अपने आपमें ही जघन्य और नृशंस है।
32. अभूतपूर्व का प्रयोग कम से कम किया जाए। संसद, विधानसभाओं में अभूतपूर्व हंगामा, शोरगुल आदि का प्रयोग आम हो गया है। इस विशेषण का प्रयोग अति विशेष स्थितियों के लिए बचाकर रखना चाहिए।
33. नामों के साथ उपाधि अथवा श्री आदि लगाना अनावश्यक है। श्री, श्रीमती आदि का प्रयोग केवल उपनामों के साथ होगा। जैसे–बलराम जाखड़ तथा श्री जाखड़।

34. सोना 24 कैरेट, सोना स्टैंडर्ड समानार्थी शब्द हैं। इनमें से किसी एक का ही इस्तेमाल करना चाहिए। एकरूपता की दृष्टि से सोना 24 कैरेट और सोना 22 कैरेट का इस्तेमाल किया जा सकता है। चांदी के भावों के बारे में भी एकरूपता अपनानी चाहिए।

35. हम 'भाव' और 'मूल्य' शब्द का ही इस्तेमाल करेंगे। दाम, जब वस्तु की इकाई का जिक्र हो।

36. गोल आदि की संख्या लिखते समय टीम और खिलाड़ी के नाम के बाद ही जीत या हार के अनुरूप गोल संख्या लिखी जाए। जैसे अमुक खिलाड़ी 2–0 से जीता या अुमक खिलाड़ी 0–2 से हारा। अमुक टीम/खिलाड़ी ने अमुक/खिलाड़ी को हराया। जीत हासिल की, प्रयोग गलत है। 'फलां को हराया' अथवा 'पर जीत हासिल की' लिखा जाना चाहिए।

37. प्रातः, अपराह्न, सायं, रात्रि की जगह सुबह, दुपहर, शाम, रात शब्दों का इस्तेमाल किया जाना चाहिए।

38. अकसर उद्धरण चिह्नों को बंद करते समय उन्हें विराम-चिह्नों से पहले लगा दिया जाता है, यह गलत है। उदाहरण के लिए उसने कहा, 'पास आओ'। सही नहीं है। सही है– उसने कहा, 'पास आओ'।

39. हम 'अंतर्राष्ट्रीय' नहीं 'अंतरराष्ट्रीय' लिखेंगे।

40. नामों को लिखने में हम सावधानी बरतेंगे। तीन शब्दों के नाम को हम दो शब्दों में लिखेंगे, जैसे– सुरेंद्र प्रताप सिंह, राम कुमार सिंह, प्रकाश सिंह बादल, सत्येंद्र प्रताप सिंह की जगह हम सुरेंद्रप्रताप सिंह, रामकुमार सिंह, प्रकाशसिंह बादल, सत्येंद्रप्रताप सिंह।

41. प्रदेश कांग्रेस कमिटी के लिए हम प्रदेश कांग्रेस कमिटी ही लिखेंगे, लेकिन जहां राज्य की बात आती हो वहां प्रदेश नहीं होगा। उत्तर प्रदेश, आंध्र प्रदेश, मध्य प्रदेश–ये तीनों राज्य हैं।

42. हम मुस्लिम बहुल नहीं, मुसलमान बहुल का प्रयोग करेंगे। खां और खान के मामले में हम नाम के पहले खान का प्रयोग करेंगे और नाम के बाद खां का। जैसे–खान अब्दुल गफ्फार खां और आरिफ मोहम्मद खां।

43. अगर हम अंग्रेजी शब्दों का प्रयोग करते हैं तो उनका प्रयोग हम

हिंदी व्याकरण के अनुसार करेंगे, जैसे–बोलर–बोलरों (बोलर्स नहीं), पेपर–पेपरों (पेपर्स नहीं), आस्ट्रेलियाई (आस्ट्रेलियन नहीं)।

44. लिए और लिये के प्रयोग में लोग हमेशा गलती करते हैं। जहां लेने की क्रिया हो वहां लिया या लिये होगा। बाकी जगहों में लिए का प्रयोग होगा, जैसे–इसलिए, आपके लिए, किसलिए।

45. 'जिस शब्द के अंत में या है, उसके स्त्रीलिंग रूप में यी लिखा जाएगा। जैसे–नया–नयी, गया–गयी। जिन शब्दों के अंत में आ है, उसका स्त्रीलिंग रूप ई होगा। जैसे–हुआ–हुए–हुई।

46. हम जायें लिखेंगे, जाएं नहीं।

47. दिखायी और दिखाई के प्रयोग में भी कभी–कभी भ्रम हो जाता है। जहां क्रिया हो, वहां दिखायी होगा और कोई चीज स्वतः दीख जाए तो दिखाई होगा।

48. विदेशी नामों को हम उसके सही उच्चारण के अनुसार लिखेंगे। जैसे–गोर्बाचौफ (गोर्बाच्योव, गोर्बाचोव नहीं), ली फुंग (ली पेंग नहीं), तंग (डेंग नहीं)।

49. हम इंका नहीं कांग्रेस लिखेंगे–कांग्रेस (एस.) का अर्थ कांग्रेस (समाजवादी) होता है। अकसर यह देखा जाता है कि 1971–1970 का उल्लेख करते हुए लिखा जाता है कि... वे 1971 में कांग्रेस (आई) के एम.पी. थे या आडवाणी 1970 बी.जे.पी. के महामंत्री थे या जनता पार्टी स्वतंत्र पार्टी, कांग्रेस (संगठन) और समाजवादी पार्टियों के विलय से बनी, यह गलत है।

सही स्थिति यह है–

(अ) आज इंका नाम की कोई पार्टी नहीं है। सुप्रीम कोर्ट और निर्वाचन आयोग ने अपने फैसले में इसे स्पष्ट रूप से लिखा है। जिसे हम इंका लिखते हैं, वह कांग्रेस पार्टी है।

1971 में कोई कांग्रेस (आई) नहीं थी। 1969 तक कांग्रेस थी। 1969 से 1971 तक कांग्रेस (आर) थी, पर उसे कांग्रेस ही कहा जाता था। 1969 से 1971 तक एस. निजलिंगप्पा वाली कांग्रेस को कांग्रेस (ओ) कहा जाता था। कांग्रेस (आर) के अध्यक्ष जगजीवन राम थे और इसका अर्थ था–कांग्रेस रिक्विजिनिस्ट। इसके बाद कांग्रेस (आई) ने केस जीता और यह पुनः कांग्रेस हो गयी।

कांग्रेस (आई) का गठन 1 जनवरी, 1973 को दिल्ली में हुआ। इसे विभाजित करने वाला ग्रुप कहलाया कांग्रेस (आर) यानी बी. रेड्डी की अध्यक्षता वाली कांग्रेस। इसके बाद 1979 में फिर कांग्रेस का विभाजन हुआ। एक कांग्रेस (आई) थी और दूसरी कांग्रेस (यू), जिसके अध्यक्ष थे देवराज अर्स। इसके बाद शरद पवार कांग्रेस में शामिल हुए और बाद में कांग्रेस (एस) यानी कांग्रेस (सोशलिस्ट) बनी।

(ब) बी.जे.पी. 1980 में लोकसभा चुनाव के बाद बनी। इसके पहले जनसंघ था।

(स) जनता पार्टी 22 जनवरी से 2 फरवरी, 1977 के बीच बनी। इसमें शामिल होनेवाली पार्टियां थीं–कांग्रेस (ओ), बी.एल.डी., सोशलिस्ट पार्टी, कांग्रेस (चंद्रशेखर गुट) और जनसंघ। लेकिन 1977 का लोकसभा चुनाव तकनीकी दृष्टि से जनता पार्टी ने नहीं लड़ा था। चुनाव लड़ा था बी.एल.डी. ने (तकनीकी दृष्टि से सभी उम्मीदवार बी.एल.डी. के थे)।

1 मई, 1977 को तकनीकी दृष्टि से जनता पार्टी का जन्म हुआ। 9 जुलाई, 1979 को जनता पार्टी का विभाजन हुआ–जनता पार्टी और जनता पार्टी (सेक्युलर यानी एस)।

सबसे पहले 1974 में बी.के.डी. स्वतंत्र पार्टी और मुस्लिम मजलिस के विलय से बी.एल.डी. बना था।

50. निम्नलिखित शब्दों का प्रयोग हम इसी रूप में करेंगे–

एहसान	कैबिनेट	चिह्न
एहसास	कैलेंडर	छिपना
एकाएक	कुहराम	जबरदस्त
एहतियात	कुहरा	जबान (जीभ, भाषा)
एजेंट	खपरैल	जम्हाई
ऐलान	ख्याल	जर्मनी
ऐक्ट	खरीदार	जुलूस
एंड (इएनडी)	ख्वाहमख्वाह/ खामखाह	जाग्रत
कंपोजिटर	खातिमा	जागृति
कमबख्त	खुरदरा	जिम्मेदारी
ऐंड (एएनडी)	खीज	जुर्माना

कड़वा	खुराक	जनरल
कड़ाही	खोन्चा	टिकट
कमिटी	गंवाना	टुटपुंजिया
कम्युनिस्ट	गड़रिया	टेबुल
कर्ता	गणमान्य	ठोंकना
कश्मीर	गरक	डांवाडोल
कांस्टेबिल	गरदन	डाइरेक्टर
कार्टून	गरदिश	डब्बा
कॉलेज	गरम, गरमी	डिगरी
कीर्तिमान	गरुड़	तत्व
कुंआरा	गुंबद	तत्वावधान
कुआं	गुझिया	तबदील
कुतूहल	गुर्दा	परदा
कुमक	दूल्हा	पिस्तौल
तवज्जुह	दोहरा	पुरजा
तरकश	देदीप्यमान	पुष्टीकरण
तरजुमा	देशी-देसी	पैदाइशी
तसवीर	द्रव (तरल)	पैबंद
तादृश	द्रव्य (पदार्थ)	पौधा
तिलिस्म	द्रष्टा	प्रज्वलित
तुष्टीकरण	दृष्टांत	प्राइमरी
तौलना	धायं	प्राइवेट
त्योहार	धुआं	प्रेसिडेंट
थर्मस	नन्ही	प्लेटफॉर्म
थर्मामीटर	नरक	फिजूल
दंपती	नरम	फुरती
दफ्तर	नाइलोन	फुरसत
दयार्द्र	निश्शंक	फेहरिस्त
दरमियान	निस्संदेह	बनजारा
दारोगा	निस्स्वार्थ	बंसी/वंशी
दीया/दीवार	निवृत्त	बजाया
दुस्साध्य	निस्संकोच	बख्शीश
दुस्साहस	निस्संतान	बगला
दोबारा	नुकसान	बतख
दोपहर	नुमाइश	बत्तीसी

दुमंजिला
दुरंगा
दुकान
दुतकारना
दुलहन
बरदाश्त
बरबाद
बहुरूपिया
बायां/बायीं
बायस्कोप
बालटी
बावरची
अकसर
अक्ल
अहाता
अधीनता
अध्यात्म
आध्यात्मिक
अनाधिकार
अंतर्धान
अनावृत
अनूदित
अमेरिका
अम्मां
अरसा
अलबम
अलमारी
अल्लाह
अहल्या
ऑक्सिजन
आइसक्रीम
आईना
आधिपत्य
आस्तीन
इंग्लैंड

नुसखा
न्योता
परचा
परछाईं
परत
महंगा
मरजी
मशविरा
मसजिद
महत्व
मारफत
माहात्म्य
इंतजाम
इंतकाल
इंतकाम
इनसान
इनकलाब
इनकार
इंसाफ
इंस्पेक्टर
इंजीनियर
इंतजार
इंतहा
इंदूर
इराक
इख्तियार
इत्तफाक
इतमीनान
इत्तला
इनकम
इम्तहान
इलेक्ट्रिक
इलजाम
इल्तिजा
इश्तिहार

बादाम
बधिक
बरतन
बरात
बरखास्त
मुहलत
म्लेच्छ
यूनिवर्सिटी
यूनीफार्म
यूरोप
रखैल
रूमाल
इसराइल
इस्तिरी
इस्तिकबाल
ईरान, इराक
ईसाई
ईसवी
उंगली
उड़ेलना
उज्ज्वल
उत्तरप्रदेश
उत्तरार्द्ध
उफ
उपनिषद्
उम्दा
उर्मि
उल्लंघन
उलटा
उल्का
उषा
उष्ण
उष्मा
गूंधना
गेहुंआ

इंटरमीडियेट	कुरता	पांडाल
उस्तुरा	कुरसी	चरबी
उटपटांग	कुसूर	चस्का
ऊधम	कुहनी	चस्का
उमस	केसर	चिनगारी
बाशिंदा	मिनट	रूई
बिलकुल	मिलिटरी	रेजीमेंट
बिस्कुट	मिल्कीयत	रोआंसा
बहिश्त	मिष्टान्न	लखपती
बीचोबीच	इंजिप्ट	लब्धप्रतिष्ठ
बूआ	मीचना	लाइसेंस
बुरका	मुकाबला	लाइब्रेरी
बृहत्	मुरदा	लॉटरी
बृहस्पति	मुसकान	लीटर
बैगन	मुसलिम	लेबुल
ब्याज	मुहताज	लैटिन
ब्यौरा	मुहब्बत	वेश्या
भगीरथ	मुहम्मद	वक्फ
भट्ठी	मुहल्ला	वगैरह
भट्ठा	मूर्च्छित	वज्र
भैया	मेहंदी	वरजिश
भरता	मेढक	वरदी
भूंकना	मेमोरेंडम	वशिष्ठ
भेस	मोटापा	वसंत
शुरुआत	सिंडिकेट	शर्म
भौचक्का	मोरचा	वापस
मझला	मुहर	वार्ता
वाल्मीकि	साइकिल	वधू
वकिरण	सात्त्विक	होंठ
वैकुंठ	साबुत	वैकसीन
शिनाख्त	सामर्थ्य (स्त्री.)	साहूकार
शय्या	सामूहिक	शरबत
शरमाना	सीनेट	सिगरेट
सुपुर्द	सीखचा	उनतालीस
चालीस	इकतालीस	बयालिस

तैंतालीस	चौवालीस	पैंतालीस
छियालीस	सैंतालीस	अड़तालीस
उनचास	पचास	इक्यावन
बावन	तिरपन	चौवन
पचपन	छप्पन	सत्तावन
अट्ठावन	उनसठ	साठ
इकसठ	बासठ	तिरसठ
चौंसठ	पैंसठ	छियासठ
सड़सठ	अड़सठ	उनहत्तर
सत्तर	इकहत्तर	बहत्तर
तिहत्तर	चौहत्तर	पचहत्तर
छिहत्तर	सतहत्तर	अठहत्तर
उन्नासी	अस्सी	इक्यासी
बयासी	तिरासी	चौरासी
पिचासी	छियासी	सत्तासी
अट्ठासी	नवासी	नब्बे
इक्यानबे	बानबे	तिरानबे
चौरानबे	पंचानबे	छियानबे
सत्तानबे	अट्ठानबे	निन्यानबे
सौ		

●●●